世界哲學家叢書

荀　子

趙士林　著

1999

東大圖書公司印行

國家圖書館出版品預行編目資料

荀子／趙士林著.--初版.--臺北市：
東大，民88
　　面：　公分.--(世界哲學家叢書)
參考書目;面
含索引
ISBN 957-19-2259-9(精裝)
ISBN 957-19-2260-9(平裝)

1.(周)荀況-學術思想-哲學

121.27　　　　　　　　　　87013710

網際網路位址　http://www.sanmin.com.tw

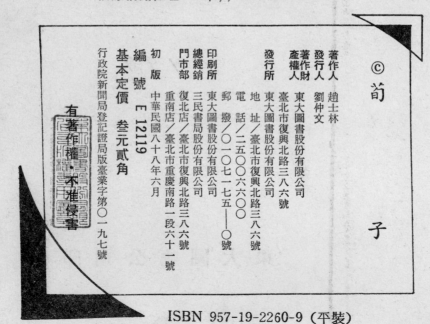

ⓒ 荀　子

著　作　人　趙士林
發　行　人　劉仲文
產著作財
權　人　財　東大圖書股份有限公司
發　行　所　東大圖書股份有限公司
　　　　　　地址／臺北市復興北路三八六號
　　　　　　電話／二五○○六六○○
　　　　　　郵撥／○一○七一七五──○號
印　刷　所　東大圖書股份有限公司
總　經　銷　三民書局股份有限公司
門　市　部　復北店／臺北市復興北路三八六號
　　　　　　重南店／臺北市重慶南路一段六十一號
初　　　版　中華民國八十八年六月
編　　　號　E 12119
基　本　定　價　叁元貳角
行政院新聞局登記證局版臺業字第○一九七號

ISBN 957-19-2260-9 (平裝)

謹以此書紀念
傅偉勳先生

「世界哲學家叢書」總序

　　本叢書的出版計畫原先出於三民書局董事長劉振強先生多年來的構想，曾先向政通提出，並希望我們兩人共同負責主編工作。一九八四年二月底，偉勳應邀訪問香港中文大學哲學系，三月中旬順道來臺，即與政通拜訪劉先生，在三民書局二樓辦公室商談有關叢書出版的初步計畫。我們十分贊同劉先生的構想，認為此套叢書（預計百冊以上）如能順利完成，當是學術文化出版事業的一大創舉與突破，也就當場答應劉先生的誠懇邀請，共同擔任叢書主編。兩人私下也為叢書的計畫討論多次，擬定了「撰稿細則」，以求各書可循的統一規格，尤其在內容上特別要求各書必須包括（1）原哲學思想家的生平；（2）時代背景與社會環境；（3）思想傳承與改造；（4）思想特徵及其獨創性；（5）歷史地位；（6）對後世的影響（包括歷代對他的評價），以及（7）思想的現代意義。

　　作為叢書主編，我們都了解到，以目前極有限的財源、人力與時間，要去完成多達三、四百冊的大規模而齊全的叢書，根本是不可能的事。光就人力一點來說，少數教授學者由於個人的某些困難（如筆債太多之類），不克參加；因此我們曾對較有餘力的簽約作者，暗示過繼續邀請他們多撰一兩本書的可能性。遺憾的是，此刻在政治上整個中國仍然處於「一分為二」的艱苦狀態，加上馬列教

條的種種限制，我們不可能邀請大陸學者參與撰寫工作。不過到目前為止，我們已經獲得八十位以上海內外的學者精英全力支持，包括臺灣、香港、新加坡、澳洲、美國、西德與加拿大七個地區；難得的是，更包括了日本與大韓民國好多位名流學者加入叢書作者的陣容，增加不少叢書的國際光彩。韓國的國際退溪學會也在定期月刊《退溪學界消息》鄭重推薦叢書兩次，我們藉此機會表示謝意。

原則上，本叢書應該包括古今中外所有著名的哲學思想家，但是除了財源問題之外也有人才不足的實際困難。就西方哲學來說，一大半作者的專長與興趣都集中在現代哲學部門，反映著我們在近代哲學的專門人才不太充足。再就東方哲學而言，印度哲學部門很難找到適當的專家與作者；至於貫穿整個亞洲思想文化的佛教部門，在中、韓兩國的佛教思想家方面雖有十位左右的作者參加，日本佛教與印度佛教方面卻仍近乎空白。人才與作者最多的是在儒家思想家這個部門，包括中、韓、日三國的儒學發展在內，最能令人滿意。總之，我們尋找叢書作者所遭遇到的這些困難，對於我們有一學術研究的重要啟示（或不如說是警號）：我們在印度思想、日本佛教以及西方哲學方面至今仍無高度的研究成果，我們必須早日設法彌補這些方面的人才缺失，以便提高我們的學術水平。相比之下，鄰邦日本一百多年來已造就了東西方哲學幾乎每一部門的專家學者，足資借鏡，有待我們迎頭趕上。

以儒、道、佛三家為主的中國哲學，可以說是傳統中國思想與文化的本有根基，有待我們經過一番批判的繼承與創造的發展，重新提高它在世界哲學應有的地位。為了解決此一時代課題，我們實有必要重新比較中國哲學與（包括西方與日、韓、印等東方國家在內的）外國哲學的優劣長短，從中設法開闢一條合乎未來中國所需

求的哲學理路。我們衷心盼望，本叢書將有助於讀者對此時代課題的深切關注與反思，且有助於中外哲學之間更進一步的交流與會通。

最後，我們應該強調，中國目前雖仍處於「一分為二」的政治局面，但是海峽兩岸的每一知識分子都應具有「文化中國」的共識共認，為了祖國傳統思想與文化的繼往開來承擔一分責任，這也是我們主編「世界哲學家叢書」的一大旨趣。

傅偉勳　韋政通

一九八六年五月四日

自　序

　　荀子是中國思想史上最重要的思想家之一，也是爭議最多的思想家之一。作為一位劃時代的大儒，他卻長期得不到自家營壘的認可，最好的評價也不過是「大醇而小疵」（韓愈語）。宋明理學而後，荀子在儒家中的地位更是江河日下，在所謂儒學的「第二期發展」（「新儒家」──「宋明理學」）、「第三期發展」（「現代新儒家」）中，荀子只能坐一個歷史的冷板凳，特別值得指出的是，二千年中古封建政治，用為意識形態之理念原則的儒學實為荀學，但歷代統治者卻均諱言荀子而標舉孔孟，適如郭沫若氏《十批判書》之戲說：荀子不能做「羊頭」，只能做「狗肉」，文廟裡的冷豬頭肉總是沒有荀子的份兒，這是政治史與思想史中十分耐人尋味的現象。但荀學的地位在1949年以後的中國大陸卻漸次上昇，一頂「唯物主義」的桂冠就保證了這位思想家的「進步性」、「科學性」與「人民性」，到了「文革」「評法批儒」時，荀子更空前地風光起來，「十批不是好文章」（毛澤東），荀子成了「大法家」，並因此也成了中國古代最偉大的、最亮麗的思想家。

　　慨嘆歷史特別是政治之荒唐、淺薄、虛偽、野蠻之外，荀子這類思想家，這類「士」──「知識份子」與歷史特別是與政治之真實關係，就成了十分沉重又十分嚴肅的話題，而為了真實地了解這

真實關係，真實地釐清思想家的思想不能不是首要的工作，這便是
我對荀子發生興趣並寫下後面那些文字的初衷所在。

趙士林

1998年3月18日於北京勁松

荀　子

目　次

第七章　荀子的美學

內容提要

與諸子

⑴與孔孟相較，荀子思想涵蓋更廣，規模更大，系統亦更精詳，他
的學術活動明顯地帶有總結先秦思想史的意味。

⑵儒家思想發展到荀子這裡，明顯地走向客觀化、知性化、現實化、
變通化，並由此而與百家思想或隱或顯地發生了某種聯繫。荀學
之所以要、之所以能旁收諸子，具有四方面的原因，是即：①時
代情勢；②思想資源；③好學精神；④性格稟賦。

⑶荀與孔　荀子對孔子推崇備至，在基本態度上堅守孔門儒學。他
之高度評價孔子，主要著眼於孔子「知」、「學」之理性精神及由
此而化成的安邦濟世的政治才略與人文理想。荀子眼中的孔子，
已是荀子化的孔子，荀子思想的具體建構更突出地關注與繼承了
孔子思想中「外王」的一面。

⑷荀與孟　荀子對孟子的批評，較非儒諸子更為嚴厲。他對孟子的
否定，與其說是出於理論的是非，毋寧說是出於現實的需要，所
謂「僻違而無類，幽隱而無說，閉約而無解」，固為注重邏輯清晰、
富於知性精神的荀子所不能容忍，但「坐而言之，起而不可設，

張而不可施行」，卻更為荀子深惡孟子之所在。荀孟在倫理價值、社會理想上並無根本分歧，分歧主要在於實現這倫理價值、社會理想的心路走向、實踐途徑，對荀孟在「人性論」上各執一端的尖銳矛盾，亦當作如是觀。

(5)荀與墨　荀子批評諸子，對墨子用墨最多。先秦百家，只有墨家對儒家構成了最嚴重的威脅，因此儒家從孟子開始，便竭力辟墨，但孟子辟墨，詈罵多、指陳少，荀子對墨子的批評，則遠為系統、全面，基本上涉及了墨子的全部主要觀點。他站在社會的政治運作與人文發展的高度深入地批評了墨子的功利觀。但荀子較之墨子，確乎表現出某種令人生厭的貴族氣。

(6)荀與老莊　荀子對莊子「蔽於天，而不知人」的批評，具有深刻的哲學意義。它觸及到儒道二家對天人關係的不同理解、不同態度。荀子天道觀可能在一定程度上受到道家一系的影響，但根本立場仍判然有別，「由天謂之道，盡因矣」的指摘，明確地否定了道家天道觀所派生的對自然的消極順應的態度。

(7)荀與名　荀子重邏輯，但對專治邏輯的名家，卻亦多所批評。荀子對名家的批評，最鮮明地表現出他所抱持的儒的基本價值觀。從這種價值觀出發，他雖然也說「君子必辯」，但卻十分注意「小人辯，言險；而君子辯，言仁」的區別。他批評名家「好治怪說，玩琦辭」，「蔽於辭，而不知實」，其實就是對純粹邏輯探求的否定。在儒看來，任何思想形態只要與內聖外王、安邦定國沒有聯繫，便是無意義的，甚至是有害的，荀子作為一位已經注意到邏輯講究的重要性的儒學改革家，仍沒能跳出這個窠臼。

(8)荀與法　荀子常被視為陽儒陰法、由儒向法過渡的思想家，從而弄清他與法家的關係對於判明他所屬的思想陣營至關重要。至少

在自覺的思想層面上，荀子對法家那一套是既有清醒認識，又給予了堅決抵制。在根本的思想原則上，荀子顯然沒有接受法家的影響，他仍堅守著儒家立場。

性　論

(1)性惡說　荀子論性有兩層意思：其一，「性」的界定，其二，性惡的證明。荀子究竟怎樣認識、闡釋、估價人的自然天性？這個問題在荀子那裡看似解決但實際上並未給出明確的答案。荀子證明性惡，著眼於性的自然滿足所造成的社會後果──順著人性自然發展便會造成社會的紛爭混亂與道德敗壞，只此便足以證明人性是惡的，這種證明在邏輯上顯然有欠推敲，由社會後果的惡並不能必然地推知自然天性的惡。荀子性惡說與孟子性善說看似水火不容，其實殊途同歸。

(2)「偽」與「學」　「偽」在荀子這裡，主要是一個道德概念，主要指一種社會的道德規範、倫理秩序的運作。荀子所謂「學」，完全圍繞著儒的道德修養與道德踐履，以臻於「道德之極」為最高目的。由「學」而「偽」，是人性由惡而善的法門途徑，是一個由工夫到本體的道德修煉歷程、社會塑造歷程。

(3)「心」與「誠」　荀子所謂「心」係指獨立自決的精神主體。從道德評估的角度看，這個「心」具有中性特徵。它是認知之本、意志之源，但卻決非孟子所高揚的道德「心」。「誠」為儒學基本範疇之一，尤為孟子、《中庸》至宋明理學之儒家「內聖」一線所極力推奉，然「外王」一線之代表荀子也重視「誠」，儘管與「內聖」一線的「反身而誠」、「自誠明謂性」等大為不同，荀子論「誠」

明顯地著眼於外在事功，但「君子養心，莫善於誠」足以表明，荀子亦在主體精神、道德人格的培育上主張「誠」。因此與「內聖」一線相通。

天　論

(1)天人之分　荀子「天論」實際上從「人論」出發。為了明確「人」對「天」所應採取的態度，荀子才討論到「天」的問題。荀子論證「天人之分」，具有兩個邏輯環節：其一，建構徹底的物質主義的自然天道觀；其二，提出「制天命而用之」的光輝命題。荀子的「天人之分」，充滿了理性的、積極的、昂揚的、樂觀的精神氣概。「天人之分」對天人關係的理解，實際上就是宣示了「人定勝天」。這在荀子其時，自是一種大無畏的、超前的思想。

(2)知天順天　一方面主張「制天」，另方面又主張「順天」；一方面「不求知天」，另方面又肯定「知天」；荀子對「天」這種看似矛盾的態度實則蘊含著深刻的統一。認識宇宙的自然本質，認識人類的自然根性，並依據這自然本質、自然根性從事實踐活動，使人類在大自然中求得生存發展，這便是荀子「順天」思想的要旨所在。它和「制天」思想非但不矛盾，反而恰好是互為條件、互相促發、相輔相成的。荀子所謂「知天」，正完全是在「順天」的意義上，亦即了解自然規律、遵循自然規律的意義上立論。而所謂「不求知天」，則是要求人們只需遵循認識到的自然規律行事，而不必追問自然現象、自然規律的「最後原因」，不必著意於「無用之辯，不急之察」，更不必把「天」神秘化、人格化、權威化加以信仰膜拜。

⑶天論與性論　外在自然與內在自然，荀子對「天」——外在自然
　沒有給予道德評價，然而對「性」——內在自然卻給予了十分明
　確、毫不含糊的道德評價，此即他那十分有名的「性惡」之說。
　問題就這樣產生了——內在自然（「性」）是「惡」的，那麼它所
　從出的外在自然（「天」）呢？如果說這個外在自然——天是無所
　謂善惡的，從道德的角度看是中性的，是不能給予道德評價的，
　那麼由它而生的內在自然——性為什麼就必然地遭遇到道德評
　價，並被斬釘截鐵地判斷為「惡」呢？如果說前者非「惡」，那麼
　後者的「惡」從何來？荀子遭遇到體系性的矛盾。

政　論

⑴荀子之「政論」，以「禮」為核心，綜羅百家，精詳周密；今日
　之文化人類學、社會心理學、倫理學、經濟學等，均可從中獲取
　思想資源。
⑵堅守儒的政治理想，荀子對儒的倫理政治原則完全肯認，且其態
　度之堅決徹底，決不下於孔子，甚至不下於孟子。在王霸、民本、
　經濟等問題上，荀子均表現出捍衛儒家理想的熱情。
⑶禮的新闡釋　對「禮」的新闡釋，是荀子政論的核心部分。「禮」
　在荀子這裡，是政治論，是倫理學，是國家論，是社會學，然而
　最值得重視的是，它首先被荀子納入了自己對人類社會的發生學
　的思考。
⑷由於時代情勢的原因，荀子往往通過政治來證道德，通過「外王」
　來證「內聖」，通過「禮」來證「仁」，這一思想態勢非但不違背
　儒的基本精神，相反倒正是在新的時代情勢中發揚儒的基本精神

的必由之途。

(5)荀學才是二千年封建政治實踐中活著的儒家，正是荀學所代表、所體現的現實實踐品格即「外王」的努力，才使得儒家的倫理政治主張真正落實於社會政治領域，才使得儒家歷經數千年而煥發出現實的生命力。

名 學

(1)從孔子的「訥於言而敏於行」到孟子的「予豈好辯哉，予不得已也」再到荀子的「君子必辯」，既體現了時代運行的軌跡，又體現了個人性格的差異。

(2)正名　荀子名學明確地繼承了孔孟式的正名主義，亦即以道德旨歸、倫理政治要求為正名之目的。

(3)名實　荀子對名實問題的討論，基於一種感性的、經驗的認識論。他在此基礎上提出的「制名以指實」，表明他已認識到語言系統、邏輯系統的主動性的文化意義。

美 學

(1)荀子從人類學本體論的高度出發，系統地論說了「情」的問題，這就帶出了他的美學。

(2)美感　〈樂論〉肯認了人的審美欲求的原發性、必要性、正當性、合理性，「人之情所必不免」、「人不能無樂」，十分明確地將審美欲求解釋為人性的內在必然需要。

(3)美　荀子儘管非常重視審美文化，但由於他將審美活動完全納入

政治視野，完全看成倫理工具，這就不能不使他的美學思想帶有濃重的、狹隘的政治實用主義與倫理實用主義色彩。

(4)審美與宗教　荀子對「禮」的詩化解釋，涉及到宗教與藝術的關係。荀子對宗教的理解、闡釋，暗含著以審美情感代替宗教情感的意味。

第一章 生平與著作

一、生 平

荀子，名況，世稱荀卿❶，亦稱孫卿❷；戰國晚期趙國（屬地含今冀南、晉東南、豫之黃河以北一帶）人；生卒年代不詳❸。

荀子生平事跡，載諸典籍者鮮矣。茲謹以《史記》所提供的材料為主要線索，旁及其他有關史料，略加梳理陳述。

---

❶ 按「卿」有三解：一般認為荀子字「卿」；司馬貞《史記索隱》認為「卿」乃荀子尊稱，今人蔣伯潛等亦從此說；胡元儀《郇卿別傳考異》認為「卿」乃職稱，係指荀子在齊所為「列大夫之長」。

❷ 亦稱「孫卿」，世有三解：司馬貞《史記索隱》等認為因避漢宣帝劉詢名諱，故改「荀」為「孫」；顧炎武《日知錄》等認為「荀」「孫」以音近通稱；胡元儀《郇卿別傳》認為係「兩姓並稱」。謝鏞《荀子箋釋‧自序後記》、蔣伯潛《諸子通考‧荀子》駁難一、三二說，似較有力。

❸ 今人龍宇純作〈荀卿年表〉，考荀子約生於西元前334年，卒於西元前234年，生年滿百。（見所著《荀子論集‧荀卿後案》，臺灣學生書局，1987年版）。蔣伯潛《諸子通考‧荀子》：「張蒼、曹憲之壽，載在史書。荀子如亦壽至期頤，何以獨於古籍無徵耶?」此似為肯認荀子生年滿百者須解之疑。

10 · 荀　子

《史記·孟子荀卿列傳》載：

荀卿，趙人。年五十始來游學於齊。騶衍之術迂大而閎辯；
奭也文具難施；淳于髡久與處，時有得善言。故齊人頌曰：
「談天衍，雕龍奭，炙轂過髡。」田駢之屬皆已死。齊襄王時，
而荀卿最為老師。齊尚脩列大夫之缺，而荀卿三為祭酒焉。
齊人或讒荀卿，荀卿乃適楚，而春申君以為蘭陵令。春申君
死而荀卿廢。因家蘭陵。李斯嘗為弟子，已而相秦。荀卿嫉
濁世之政，亡國亂君相屬，不遂大道而營於巫祝，信機祥，
鄙儒小拘，如莊周等又滑稽亂俗，於是推儒、墨、道德之行
事興壞，序列著數萬言而卒。因葬蘭陵。

　　除了這一篇荀子本傳之外，《史記》還有四處述及荀子——〈老
子韓非列傳〉云韓非「與李斯俱事荀卿」；〈李斯列傳〉云李斯「乃從
荀卿學帝王之術。學已成，度楚王不足事，而六國皆弱，無可為建
功者，欲西入秦。辭於荀卿曰：『斯聞得時無怠，今萬乘方爭時，
遊者主事。今秦王欲吞天下，稱帝而治，此布衣馳騖之時而游說者
之秋也。處卑賤之位而計不為者，此禽鹿視肉，人面而能彊行者耳。
故詬莫大於卑賤，而悲莫甚於窮困。久處卑賤之位，困苦之地，非
世而惡利，自託於無為，此非士之情也。故斯將西說秦王矣』」、「李
斯置酒於家，百官長皆前為壽，門廷車騎以千數。李斯喟然而歎曰：
『嗟乎！吾聞之荀卿曰物禁大盛。夫斯乃上蔡布衣，閭巷之黔首，
上不知其駑下，遂擢至此。當今人臣之位無居臣上者，可謂富貴極
矣。物極則衰，吾未知所稅駕也』」；〈春申君列傳〉：「春申君相楚
八年，……以荀卿為蘭陵令」；〈儒林列傳〉：「於威、宣之際，孟子、

荀卿之列，咸遵夫子之業而潤色之，以學顯於當世」。

　　從《史記》提供的材料來看，荀子一生活動的主要區域為齊、楚兩地；具體年代可確知者惟西元前255年任楚蘭陵（今山東莒南縣）令❹；事跡則主要以學名世，政績幾無可考❺。

　　其他史料述及荀子生平最詳者為劉向《孫卿新書》之〈敘錄〉，茲照引其有補於《史記》者——

　　　　人或謂春申君曰：「湯以七十里，文王以百里。孫卿，賢者也。今與之百里地，楚其危乎？」春申君謝之。孫卿去之趙。後客或謂春申君曰：「伊尹去夏入殷，殷王而夏亡；管仲去魯入齊，魯弱而齊強。故賢者所在，君尊國安。今孫卿天下賢人，所去之國，其不安乎？」春申君使人聘孫卿。孫卿遺春申君書，刺楚國，因為歌詩以遺春申君。春申君恨之，復固謝孫卿。孫卿乃行，復為蘭陵令。……又浮丑伯，皆受業為名儒。孫卿之應聘諸侯，見秦昭王——昭王方喜戰伐，而孫卿以三王之法說之。——及秦相應侯，皆不能用也。至趙，與孫臏議兵趙孝成王前。孫臏為變詐之兵，孫卿以王兵難之，不能對也。卒不能用孫卿。……孫卿卒不用於世，老於蘭陵。

　　按劉錄荀子於楚遭讒及復用於楚，當本自《戰國策・楚策》（文

---

❹　《史記・春申君列傳》：「考烈王元年，以黃歇為相，封為春申君，……」按楚考烈王元年為西元前262年，故春申君相楚八年為西元前255年。

❺　劉向：《孫卿新書・敘錄》：「……蘭陵人多善為學，蓋以孫卿也。長老至今稱之曰：『蘭陵人喜字為卿，蓋以法孫卿也。』」——即在荀子唯一正式從政之所，流傳者亦僅以學澤被地方。

從略），見秦昭王及秦相應侯、議兵趙孝成王前❻，《荀子》之〈儒
效〉、〈彊國〉、〈議兵〉諸篇亦有詳載。此外，有關荀子生平可資一
述者尚有如下記載：

應劭《風俗通義·窮通》：

　　齊威宣之時，孫卿有秀才，年十五始來游學。❼

《韓非子·難三》：

　　燕子噲賢子之而非荀卿，故身死為僇。

桓寬《鹽鐵論·毀學》：

　　方李斯之相秦也，始皇任之，人臣無二。然而荀卿為之不食，
　　覩其罹不測之禍也。

《鹽鐵論·論儒》：

---

❻　劉錄荀子「與孫臏議兵趙孝成王前」，以臨武君為孫臏，似誤。王先
　　謙《荀子集解》、蔣伯潛《諸子通考》等於此皆有辨正。如蔣云：「孫
　　臏佐齊將田忌，取魏於馬陵，殺其將龐涓，在周顯王二十八年（西元
　　前341年），趙孝成王立於周赧王五十年（西元前265年），相去已八十
　　六年。孫臏決不及見趙孝成王也。」
❼　「年十五始來游學」，顯與《史記》、劉錄之「年五十始來游學」相牴。
　　學者為此聚訟紛紜，遂引生對荀子遊齊年代的多種測度。本文於此，
　　暫不置論。

……及滑王奮二世之餘烈，……矜功不休，百姓不堪，諸儒
諫不從，各分散，……而孫卿適楚。

　　察上述載籍，則荀子數出故國，遊歷遍及齊、楚、秦、燕，且
終老他鄉，然年代仍無確考，行狀亦唯是一空懷濟世之才、抱負無
由施展之碰壁儒生耳！

　　史料如斯，嚴重缺略，卻更為治荀子生平者提供了廣闊的想像
空間與「較勁」的用武之地。有關荀子生平行歷如出入故國、往來
齊、楚、秦、燕之時序，壽考如是否活了百二十歲等，考證者紛紛
其說，互相辯難，早已蔚為大觀❸。不才如我，自然不敢冒治絲益
棼之險，只擬綜合有關史料，作一最穩妥、因此也最簡略的概括。

　　荀子一生，大致可分為三個時期：

　　㈠積學時期

　　荀子五十歲前為積學時期。這一時期荀子或曾遊於齊、燕（依
上述《風俗通義》、《韓非子》所載），甚至可能見過孟子❾，但尚
未以學名世，要之應為積學時期。

　　㈡從政時期

---

❸　梁啟雄：《荀子簡釋・荀子傳徵》云：「荀子去今二千有餘年矣！現存
　　周漢古籍道及荀子事跡者，記載本甚簡略，文字又多謬舛，即悉心鉤
　　稽，猶感難窺其概；蓋以此片詞孤證又彼此牴觸矛盾，因此，難以考
　　其實而指其真。近人犖考荀子年代行歷者，間有奮其臆測以相駁辯，
　　斷斷聚訟無終已；引證雖博，文辭雖辯，然治絲益棼，無裨於學，反
　　掛武斷之譏，非實事求是者之嚴正態度也。」

❾　梁啟雄：《荀子簡釋・年表》：「《孟子外書》載：『孫卿子自楚至齊見
　　孟子而論性』，《外書》趙邠卿雖已鑒定為贗品，然亦為周秦故籍，足
　　為佐證。」

　　汪中《荀卿子年表》起趙惠文王元年（西元前298年）迄趙悼
襄王七年（西元前238年），其云：「凡六十年，庶論世之君子，得
其梗概云爾。」

　　西元前238年即春申君死而荀子廢居蘭陵之年，此前數十年確
為荀子冀圖以學濟世，四出遊歷，積極從政的主要時期。但荀子在
仕途上卻遠不如他的學生李斯那樣官運亨通，於趙於秦，均因力主
儒者王道而不見用；於楚僅為一地方官，且一度遭讒去職；於齊固
「最為老師」、「三為祭酒」，然屬「不治而議論」之列，僅有學術
地位，實無政治地位，最後亦不能不遭讒而去。故荀子之從政經歷，
當可謂憂讒畏嫉，顛沛流離，雖有一代思想領袖之威望，政治抱負
卻終竟未能施展。

　　㈢著述時期

　　馮友蘭談及上述汪中〈荀卿子年表〉起迄六十年云：「荀子生
卒年不可考；然其一生之重要活動，則大約在此六十年中也。」❿

　　馮氏所謂「重要活動」，當主要指荀子的政治活動。若論學術
活動，則西元前238年亦即春申君死而荀子廢居蘭陵之年，依《史
記》所載正為荀子「序列著數萬言」之始，自是而至終老，當為荀
子最重要的「純學術」的著述時期。現傳《荀子》諸篇，固未必盡
為這一時期所著，然依情理推測，時值晚年，廢居在家，正可總結
平生，潛心著述，故荀子最重要、最成熟的學術著述，當在這一時
期完成❶。

---

❿　馮友蘭：《中國哲學史》上冊，中華書局，1961年版，第350頁。

❶　故孔繁云荀子「的政治、學術活動年代約在周赧王十七年（西元前298
　　年）到秦王政九年（西元前238年）之間。……大體上確定他的政治
　　和學術活動的年代為西元前298年到前238年之間」（見《中國古代哲

作為「生乎今之世而志乎古之道」❷的先秦第三大儒，荀子的一生亦如孔孟一樣：志向高遠，以天下為己任；力圖挽狂瀾於既倒，重建一符合儒家理想的社會秩序、人文世界；然雖席不暇暖，四出遊說，卻仍壯心未已，賚志而沒。不論生前，只談身後，荀子的命運較之孔孟的命運可說更具悲劇意味：三者雖同不得志，然孔孟身後光照千秋，直到現代新儒家亦高擎孔孟旗幟；荀子身後卻屢遭貶斥，自漢以降，打入另冊千年之久，直到現代新儒家這裡亦殊難翻案。本為一代大儒，卻長期得不到自家陣營的理解、接受，斯亦可謂思想家之一大悲哀矣！

二、著　作

荀子著作，免於秦火，於漢初重複抄傳，流布甚雜，漢秘府藏三百二十二篇。後經劉向校定為三十二篇，名《孫卿新書》❸。《漢書・藝文志》錄名《孫卿子》。自是以降，逾千年至中唐，始有楊倞因其「編簡爛脫，傳寫謬誤」，乃為之訂正加注，分三十二篇為二十卷，並改名《荀卿子》，簡稱《荀子》，其體例似仿《論語》❹，是為現傳《荀子》之底本。後又逾千年，清儒注《荀子》者甚眾，惟王先謙《荀子集解》最為完備。

學家評傳》，齊魯書社，1980年版，第443～444頁）殊為不確。儘管這一時期荀子嘗「最為老師」、「三為祭酒」，然最重要的學術活動，顯於「序列著數萬言」，亦即專事學術著述的西元前238年之後。

❷　《荀子・君道》。

❸　劉向《孫卿新書・敘錄》：「所校讎中孫卿書凡三百二十二篇，以相校，除複重二百九十篇，定著三十二篇。」

❹　《論語》始〈學而〉，終〈堯曰〉；《荀子》始〈勸學〉，終〈堯問〉。

先秦子書之真偽判別是一大問題，然終中古之世，罕有疑《荀子》者。南宋王應麟《困學紀聞》曰：

> 荀卿非十二子，《韓詩外傳》引之止云十子，而無子思、孟子。
> 愚謂荀卿非子思、孟子，蓋其門人如韓非、李斯之流，託其
> 師說以毀聖賢，當以《韓詩》為正。

此為疑荀之始，然亦只懷疑到〈非十二子〉一篇。自是以降，直到近代，在濃郁的疑古精神的籠罩下，懷疑《荀子》的論說才大量出現。其最極端者如胡適《中國哲學史大綱》竟除〈天論〉、〈解蔽〉、〈正名〉、〈性惡〉四篇外，餘皆懷疑為荀子所作。此誠可謂「大膽懷疑」也！然「小心求證」，畢竟不夠。今本「無證不疑」精神，肯認《荀子》三十二篇大都為荀子自著，其中稱「孫卿子」之〈儒效〉、〈議兵〉、〈彊國〉等篇當為弟子記錄；參諸楊倞考證，末六篇（〈大略〉、〈宥坐〉、〈子道〉、〈法行〉、〈哀公〉、〈堯問〉）或亦為弟子所述荀子語錄。要之這些篇章亦均可視為荀子思想之表述。

第二章　荀子與諸子

　　荀子與孔孟可並稱為先秦三大儒，但與孔孟相較，荀子的思想涵蓋更廣，規模更大，系統亦更精詳。對先秦諸子的學說主張，荀子大都有所探究，有所評騭，他的學術活動明顯地帶有總結先秦思想史的意味。故一方面，作為儒家重鎮，荀子仍頑強地執著於儒的價值取向，堅持以儒的基本信條為思想圭臬，並如同孟子一樣地「攻乎異端」，旗幟鮮明地批判、否定儒之外的諸子百家，以所謂「邪說不能亂，百家無所竄」為標的。但另一方面，荀子對諸子百家的批判、否定，較之孟子又更具理論品格，更富揚棄意味。如果說孟子的「攻乎異端」更多地帶有情緒的、道義的色彩，甚至有些「攻其一點，不及其餘」，那麼荀子的「攻乎異端」則更多地帶有理知的、邏輯的特徵，頗具「全面分析」的客觀態度。從這種客觀態度出發，荀子連自家營壘也不放過，也要作一番檢省批評，故馮友蘭先生嘗謂：「中國哲學家中，荀子最善於批評哲學」。❶儒家思想發展到荀子這裡，明顯地走向客觀化、知性化、現實化、變通化，併由此而與百家思想或隱或顯地發生了某種聯繫。之所以如此，原因或可歸納為如下四個方面：

　　其一，時代情勢。荀子生當戰國末季，及其晚年蘭陵著書之時，

---

　　❶　馮友蘭：《中國哲學史》上冊，中華書局，1961年版，第349頁。

距秦之統一已不數年。一直被儒視為虎狼之域的秦國行將統一天下，
這意味著儒家的政治設計、社會理想終將化為泡影，徹底破滅。在
這樣一種歷史將要告一段落的時代情勢或政治現實中，再如孟子那
樣單純地抱持儒家理想大聲疾呼顯然已完全失去實際意義，而冷靜
地因應現實，理智地尋求變通，方為維繫儒家命脈的唯一可行之途。
荀子在堅守儒家基本價值觀的前提下又迥異於孔孟地大講「刑
政」，並稱「禮」、「法」，他之尊孔然又貶孟，便都可以在一定意義
上理解為因應現實、尋求變通的表現。時代情勢迫使這位先秦最後
一位大儒不能不從先儒的高蹈理想降而面對現實，明智地調適儒家
的思想路線。因此，荀子亦可謂第一位儒學改革家。

其二，思想資源。同樣由於生當戰國末季，荀子從事政治活動
與學術活動之際，先秦諸子大都已謝幕於歷史舞臺。孟子時還只是
「天下之言，不歸楊，則歸墨」，荀子時則百家思想均已各擅勝場，
大都已有充分成熟的表現。莊子所謂「道術為天下裂」、孟子所謂
「處士橫議」，到荀子時已達空前規模。依《史記》所載荀子於稷
下「最為老師」之時，「田駢之屬皆已死」，也就是說，先秦那些大
大小小的思想家都已進入了思想史（荀子之後，大概只有他的學生
韓非算是史傳有徵、數得著的先秦思想家）。諸子百家所傳留的十
分豐富、異彩紛呈的思想遺產，這些思想遺產對社會生活各個領域
所發揮的這樣那樣的歷史影響，不能不這樣那樣地刺激、啟悟著荀
子，成為他總結先秦學術，樹立一家之言的重要的思想資源。

其三，好學精神。依《史記》所載荀子年五十始遊學於齊之說，
則荀子曾經歷了一個長期的、充分的知識積累過程。《荀子·勸學》
所謂「不積跬步，無以致千里；不積小流，無以成江海。……百發，
失一，不足謂善射；千里，跬步不至，不足謂善御。……全之，盡

之，然後學者也」，表明荀子特重精確完備的知識積累；《荀子》一書涉獵之廣乃至漢代經生多認荀子為先師(參見汪中《荀卿子通論》)等，亦表明荀子學識之淵博。凡斯種種，皆體現了荀子的好學精神。荀子好學，旨歸固然在於實現儒家的道德理想與政治理想（內聖外王），　但同時亦不能不表現為一種知性態度或理論興趣（儘管是在有限的程度或意義上）。　馮友蘭先生在談到孟荀對孔子的不同態度時指出：「孟子較注重於孔子之德，荀子則較注重於孔子之學」❷，孟子重孔子之德與荀子重孔子之學固未必截然對立以致無相通處，但這樣區別確乎也醒豁地點出了荀子好學之與道德意識相對的知性特徵。故荀子以儒的道德標準與政治標準對諸子百家所提供的豐富思想資源的批判清理，亦不能不表現出知性態度或理論興趣。反過來說，諸子百家所提供的豐富思想資源，亦不能不激發荀子的知性態度或理論興趣。以這種知性態度或理論興趣旁收諸子，綜羅百家，實在是促成荀子博大思想體系的重要因素。

其四，性格稟賦。荀子思想諸特徵的形成，其與諸子的聯繫，尚有純屬個人性格稟賦方面的原因。韋政通先生嘗謂：「荀子是一誠樸篤實之人，而其心靈又表現為智的形態。」❸牟宗三先生談到荀子時亦云：「誠樸篤實之人常用智而重理。」❹誠樸篤實，則乏超曠之靈而重現實之務，少熱烈情感而多冷靜理知。性格稟賦若此，則對待社會政治的風雲變幻便不會一味地高蹈理想，對待學術思想問題亦能持較客觀的態度。故荀子對包括儒在內的諸子百家，終能以客觀的、理知的態度作深入的考察，而不是從情緒好惡出發作簡單

---

❷　馮友蘭：《中國哲學史》上冊，中華書局，1961年版，第351頁。

❸　韋政通：《荀子與古代哲學》，臺灣商務印書館，1985年版，第9頁。

❹　牟宗三：〈荀學大略〉，轉引自韋政通《荀子與古代哲學》。

的肯否。

　　由於上述原因，荀子或被視為陽儒陰法、由儒向法過渡的思想家，或乾脆就被視為法家，或有雜家之嫌❺。即便視他為儒家者，亦多判他為背離孔孟正統的異端人物。故欲釐清荀子思想，應首先將荀子與諸子的關係，作一番爬梳考辨。但如周詳地推究荀子與諸子的關係，則無異於寫一部先秦思想史，此自不為本書篇幅所容。故本章只擬對荀子與諸子的關係作一提綱挈領的簡略考察，以求大致地點示出荀子思想之所形成的思想史的助緣。

一、荀子與孔子

　　不言而喻，孔子作為儒家思想的創始人與集大成者，最權威、最經典地規定、闡釋與範導了儒家思想的基本觀念、思維模式與價值取向。故考察荀子與孔子的思想聯繫，對於明確荀子思想的性質，弄清其在儒學發展史上的意義乃至為其在諸子百家中準確定位，都至關重要。

　　學人習知，荀子對包括孟子在內的諸子百家皆有微詞，惟對孔子卻推崇備至。此當可表明，荀子至少在基本態度上仍堅守孔門儒學，不過由於他與孟子對孔門儒學的理解頗有分歧，遂有尊孔貶孟之舉。那麼，荀子究竟怎樣理解孔門儒學，換句話說，他究竟在哪種意義上肯定孔子呢？《荀子・非十二子》云：

　　　　若夫總方略，齊言行，壹統類，而群天下之英傑，而告之以

---

❺　如郭沫若認為從荀子思想中「很明顯地可以看出百家的影響。」（《十批判書・荀子的批判》，人民出版社，1954年版，第185頁）。

> 大古，教之以至順；奧突之間，簟席之上，斂然聖王之文章
> 具焉，佛然平世之俗起焉；六說者不能入也，十二子者不能
> 親也；無置錐之地，而王公不能與之爭名；在一大夫之位，
> 則一君不能獨畜，一國不能獨容，成名況乎諸侯，莫不願以
> 為臣，是聖人之不得埶者也；仲尼、子弓是也。

這段話顯然是在讚頌孔子具有平治天下的雄才偉略與崇高威望。子弓亦稱仲弓（楊倞注：子弓，仲弓也），即孔子學生冉雍，《荀子》一書屢將他與孔子並稱。《論語・雍也》嘗謂「雍也可使南面」，〈公冶長〉篇又謂「不知其仁」。意思是說，冉雍這人還未達到「仁」的水平，但他卻足可以做一部門或一地方的長官（從楊伯峻《論語譯注》解），亦即「內聖」修養雖未臻化境，「外王」才略卻已足可應任，由是亦可見出，荀子高度評價先儒者，主要著眼於外在的政治水平，而非內在的道德境界。故他屢屢並稱孔冉，而從不並稱孔顏，當然更不會並稱孔孟。那麼，孔子何以具有平治天下的雄才偉略與崇高威望呢？下引〈解蔽〉的一段話可以視為答案：

> 夫道者，體常而盡變，一隅不足以舉之。曲知之人，觀於道
> 之一隅，而未之能識也。故以為足而飾之；內以自亂，外以
> 惑人；上以蔽下，下以蔽上；此蔽塞之禍也。孔子仁知且不
> 蔽，故學亂術，足以為先王者也。一家得周道，舉而用之，
> 不蔽於成積也。故德與周公齊，名與三王竝，此不蔽之福也。

孔子之所以具有平治天下的雄才偉略與崇高威望，蓋因其「仁知且不蔽」而能「得周道」。這裡，「不蔽」為荀子所著力強調者，

它顯然是一種偏於知性的修養境界。這一境界的實現，與其說主要靠道德省察或天性體悟，毋寧說主要靠全知無惑或博學深識。荀子嘗謂：「由用謂之道，盡利矣；由俗謂之道，盡嗛矣；由法謂之道，盡數矣；由埶謂之道，盡便矣；由辭謂之道，盡論矣；由天謂之道，盡因矣；此數具者，皆道之一隅也。」❻這段話其實是從「道」的整體高度批判百家，所謂「道之一隅」即一家之見。故欲得「道」之全體，必待全知無惑或博學深識從而達到「不蔽」境界；亦即必須一方面充分掌握百家之學，另方面又揚棄取捨，統而合之，從而由「道之一隅」上昇為「道」之全體。參之荀子讚孔子「得周道」與釋「道」為「衡」之說❼，則這裡所說的「道」，其實就是周代政治綱領——禮儀典章所規定、所體現的社會規範、倫理準則、行為軌儀與人文理想。故荀子之讚揚孔子能「不蔽」，　意思當然就是說孔子能在堅守「周道」的前提下博收廣納百家之學，並以「周道」為標準揚棄之、融匯之。其所謂「學亂術，足以為先王」，　最明白不過地表達了這層意思。

　　由上，荀子之高度評價孔子，主要著眼於孔子「知」、「學」之理性精神及由此而化成的安邦濟世的政治才略與人文理想。在孔子所謂「知者不惑，仁者不憂，勇者不懼」❽這三者中，荀子更突出了「知者不惑」；　在「內聖外王」這一孔子所抱持的最高理想或最高要求中，荀子更側重於「外王」，　而荀子自己之博大思想體系所闡釋與成就者，正主要是「知者不惑」精神與「外王」之道。故荀子對孔子的理解、肯定與推崇，亦可視為他自己的主觀理想的外射，

❻　《荀子・解蔽》。

❼　《荀子・解蔽》：「何謂衡，曰道。」

❽　《論語・子罕》。

亦可視為借孔子這面大旗來推行他的學說、主義。荀子眼中的孔子，早已是荀子化的孔子了！

客觀地講，荀子眼中的孔子——荀子所解釋的孔子，當然只是一個片面的孔子，甚且是一個被扭轉了方向的孔子。學人習知，「內聖外王」是儒的基本追求、最高理想。孔子推出「仁」與「禮」，以渾整樸素的形態表達了這一追求，高懸了這一理想❾。但孔子的「以仁釋禮」、「化禮為仁」（從李師澤厚說，見所著《中國古代思想史論・孔子再評價》），就其思想結構的核心來說，已經偏重「內聖」；就其實踐追求的走向來說，已經由內而外。「人而不仁，如禮何」❿、「禮云禮云，玉帛云乎哉」⓫——仁內禮外，仁先禮後，以「仁」為「禮」的本質，「仁」較之「禮」成為更受重視、談論更多的範疇⓬，這些《論語》通過多種方式反覆表述的基本思想，《論語》的突出特徵，均可表明孔子首先關注的是道德人格的塑造，他的立足點是建樹倫理主體的內聖之學。孔子一生所成功者，他給後人樹立的形象、留下的遺產，主要也在內聖一面。故孔子雖亦重「知」好「學」⓭，但他卻經常將「知」、「學」理解、闡釋為道德踐履、倫

---

❾　「仁」當然不等於「內聖」，「禮」也當然不等於「外王」。但「仁」作為道德人格的最高境界，「禮」作為社會秩序的標準模式，卻仍可看作「內聖外王」之道的「內核」和基本要求。

❿　《論語・八佾》。

⓫　《論語・陽貨》。

⓬　楊伯峻：「《論語》講『禮』七十五次，包括『禮樂』並言的；講『仁』卻一百零九次。」（見楊伯峻：《論語譯注》，中華書局，1980年版，第16頁）

⓭　「學而時習之，不亦說乎」、「學而不厭，誨人不倦」等格言式語錄，「發憤忘食」、「加我數年，五十以學《易》，可以無大過矣」乃至學

理教養。如「擇不處仁，焉得知」⓮、「君子食無求飽，居無求安，敏於事而慎於言，就有道而正焉，可謂好學也已」⓯等。他的學生子夏更明白地指出：「賢賢易色；事父母，能竭其力；事君，能致其身；與朋友交，言而有信。雖曰未學，吾必謂之學矣。」⓰孔子所謂「知之為知之，不知為不知，是知也」⓱，與其說是在強調學識意義的「知」，毋寧說是在推重道德意義的「誠」。而當他在一般的理性精神或聰明智慧的意義上理解、闡釋、使用「知」、「學」這類概念時，則十分明確地將它們置於「仁」、「德」等道德範疇之下，如「仁者安人，知者利人」⓲、「德之不修，學之不講」⓳、「弟子，入則孝，出則悌，謹而信，汎愛眾，而親仁。行有餘力，則以學文」⓴等。孔子所謂「吾有知乎哉？無知也。有鄙夫問於我，空空如也。我叩其兩端而竭焉」㉑，更是含蓄地表達了自己以富於人倫意味的「中庸」式的選擇判斷為準的而非以經驗知識為準的的基本態度。

以上是對孔子的思想模式與價值取向所作的橫向分析。若對孔

《易》韋編三絕等傳說，《中庸》本其「知者不惑，仁者不憂，勇者不懼」概括而成的「知仁勇」三達德之說等，均表明孔子之重「知」好「學」。但就在這裡，「知」已被理解為某種道德智慧，「學」亦已被理解為道德行為、禮儀舉止的「實習」（參閱楊伯峻《論語譯注》對「學而時習之」的解釋。）

⓮ 《論語・里仁》。

⓯ 《論語・學而》。

⓰ 同上。

⓱ 《論語・為政》。

⓲ 《論語・里仁》。

⓳ 《論語・述而》。

⓴ 《論語・學而》。

㉑ 《論語・子罕》。

子的思想模式與價值取向作一縱向的，亦即歷史的分析，則孔子對
歷史文化——首先是周文的傳承與創發，更表現出其功多在「內聖」
一面。簡賅地講，孔子屢稱周公，強調「吾從周」， 堅守周代政經
體制，熱心於禮樂傳統，自謂「述而不作」， 均為「外王」面的傳
承；而「內聖」面則創發多在孔子，最突出的便是「仁學結構」的
確立❷。如果說在孔子這裡，「禮」為傳承，那麼「仁」則為創發。
「克己復禮為仁」六個字，最精煉不過地凝縮、概括了孔子傳承與
創發相統一的文化貢獻。「克己復禮」，顯為擔當歷史文化賡續責任
的傳承；而將「克己復禮」解釋為「仁」， 則實在包含了孔子的偉
大創造，儘管類似的說法或解釋可能古已有之❸。韋政通先生嘗謂：

> 代表儒家人文思想的基本觀念——仁，是由孔子對周文（禮
> 制典憲）作反身的解析而悟得；仁即人之所以為人之本，是
> 生命的真幾，人只有先恢復其生命的真幾，而後能承受禮制
> 法度；故甦醒生命的真幾，是創造新秩序所以可能的唯一根
> 據。孔子之仁是由周文之反省而悟得，反省悟得之仁，即正
> 所以成就周文，使周文就現實世界的效用，獲得一道德理性
> 的基礎；……❹

　　此論至當，足可顯發孔子對歷史文化的獨特深厚、歷久彌新的
偉大貢獻。而由「仁」所揭櫫的「生命的真幾」、 所提供的「道德

---

❷　參見李師澤厚：《中國古代思想史論・孔子再評價》，人民出版社，1985
　　年版。

❸　《左傳・昭公十二年》：「仲尼曰：『古也有志：克己復禮，仁也。』」

❹　韋政通：《荀子與古代哲學》，臺灣商務印書館，1985年版，第1頁。

理性的基礎」，顯係一「內聖」面的凝聚與創生。

由上，孔子思想無論從橫向（結構關係）看還是從縱向（歷史關係）看，均以內聖—仁—德性為重心，而非以外王—禮—知性為重心。而荀子對孔子的認同、推崇，則恰巧就自覺或不自覺地將孔子思想的重心由內聖—仁—德性轉換到外王—禮—知性，他自己的博大思想體系的構成，正建立在這一轉換了的重心之上。

然而，儘管如此，我們卻不能像後儒（「新儒家」、「現代新儒家」）所理解的那樣，將荀子看成「儒學異端」，認為他未能把握甚至歪曲了孔子的真精神，故而較孟子要遜色得多。這一方面是由於荀子對「內聖」之道德完成從未持否棄態度。統觀《荀子》諸篇，所謂「聞脩身，未嘗聞為國」❷、「仁之所在無貧窮，仁之所亡無富貴；天下知之，則欲與天下同苦樂之；天下不知之，則傀然獨立天地之間而不畏」❷、「見善，脩然必以自存也；見不善，愀然必以自省也；善在身，介然必以自好也；不善在身，菑然必以自惡也」❷、「行一不義，殺一無罪，而得天下，仁者不為」❷等等，顯然都是在肯認、標舉「內聖」一面的要求、標準、修養、境界，與孔子一脈相承。儘管這並不意味著荀子整個思想體系的重心，或說他關注的焦點與孔子一樣，在於「內聖」之主體道德人格的建構，但接受了「仁」這一最高道德規定並將它作為最高價值範疇，卻使得荀子從「大本」處，亦即從最一般的思想性質與最根本的價值取向上，站到了孔子一邊❷。

---

❷　《荀子・君道》。

❷　《荀子・性惡》。

❷　《荀子・修身》。

❷　《荀子・王霸》。

另方面，說荀子將孔子思想的重心由內聖—仁—德性轉換到外王—禮—知性，亦決不意味著荀子背叛了孔子，拋棄了儒家的思想路線。本文有言在先，「內聖外王」本為孔子所高揚的儒的基本追求與最高理想。捨「內聖」非儒，捨「外王」亦非儒，只有將「內聖」與「外王」統一起來，才具備了儒的起碼資格。實際上，從原始儒家到宋明新儒家，始終鮮明地、堅定地信守著「內聖外王」這一個體人格與社會秩序相統一的最高理想。區別僅僅在於，「內聖」一線（孟、庸、宋明理學）由「內聖」證「外王」，發展到極端則以為有「內聖」必有「外王」；「外王」一線（荀、易、董、經世致用之學）由「外王」證「內聖」，發展到極端則以為有「外王」必有「內聖」。❸這裡暫且不論兩者各自的片面性，祇從荀子來看，他的重知好學，著力培育「經國定分」之才略，強調「外王」，專注於建構以「禮」為核心的社會政治秩序，其實亦正是孔子畢其生而孜孜以求者。孔子之所以將思考的重心內轉，突出「仁」來建構內聖之學，一個重要原因便是，他心目中的外王範式——由周公所創發的周代政經體制、社會秩序、人文傳統已落式微之途，禮崩樂壞、綱紀蕩然的社會現實強烈地刺激了他，使得他從反省人類自身出發

---

❷　十分重學的荀子，卻亦曾有言：「師術有四，而博習不與焉：尊嚴而憚，可以為師；耆艾而信，可以為師；誦說而不陵不犯，可以為師；知微而論，可以為師。故，師術有四，而博習不與焉。」（《荀子・致士》）儘管重學，卻並不以為有了淵博的學識就可以為師。為師應具備較之學識更重要的條件。從荀子所列舉者來看，這些條件其實都是「內聖」面的道德要求。由此亦可見出，荀子心目中的最高價值觀念，與孔子若合符契。

❸　本文贊同李師澤厚在其《中國古代思想史論》中將儒學分為「內聖」、「外王」二線的基本看法。

來尋求挽救社會頹勢之方。反省的結果便是認定世道澆漓蓋因人心不古，社會政治窳敗蓋因人類道德墮落，於是他滿懷文化承擔的責任感，從救治人心、高揚道德人格入手，冀圖以人心之純正，求得社會之合理，亦即以「內聖」之道德完成，求得「外王」之理想建構，此即「克己復禮」之真義。故說孔子高倡「內聖」旨歸不離「外王」，言非過矣。既然孔子以「外王」為旨歸，那麼荀子之傾力於「外王」一線，自然不應說是有忤孔子，有背儒學。當然，荀子多就「外王」談「外王」，對「內聖」之深層本體意義缺乏足夠認識，並由此而對孟子產生嚴重誤解（詳說見下節），確乎應說是對孔子的真精神、真貢獻尚有一間未達，但問題絕未嚴重到離經叛道的程度，此亦毋庸置疑。

由上，考察荀子與孔子的思想聯繫，似應首先注意二者在根本的思想性質與價值取向上的一致。荀子對孔子所標舉的「內聖外王」的基本追求與最高理想，從基本態度上看應說是無保留地肯認。只此一點，便可足證荀子在「大本」處仍堅守著儒家立場。由於前文論及的時代與個人諸方面的原因，荀子思想的具體建構更突出地關注與繼承了孔子思想中「外王」的一面❸，並由此而在「尊德性」與「道問學」二者間更偏重於「道問學」（借《中庸》語），亦即更重視「治國平天下」的政治才略的培育。此非但無損於荀子之儒者本色，反而使他成為顯發儒家開拓事功、經世致用一面的最早、最卓越的思想代表。他所代表的這一面，特別由於以後儒學經宋明心性之學的片面發展而完全流入空疏虛玄，於國無補，則尤顯得彌足

---

❸ 韋政通先生嘗謂荀子「側重政治範疇解決外王問題」、「承繼孔子以斯文為己任之客觀理想」（見所著《荀子與古代哲學》，第5頁），是亦足可為本文參證。

珍貴，更具思想史的價值。比照一下荀子與孟子之異同，對此當會獲得深切具體的體會。

二、荀子與孟子

前文嘗言，荀子對包括孟子在內的諸子百家皆有微詞，惟對孔子卻推崇備至。值得注意的是，荀孟雖然同宗孔子，但荀子對孟子的批評，卻較非儒諸子更為嚴厲，《荀子・非十二子》批評它囂、魏牟等十子儘管言辭激烈，但總還承認這十子「持之有故」、「言之成理」；對孟子，則連這種絕對有保留的、意本在於揭露十子「欺惑愚眾」的肯定也未給予——

> 略法先王，而不知其統，猶然而材劇志大，聞見雜博，案往舊造說，謂之五行；甚僻違而無類，幽隱而無說，閉約而無解；案飾其辭，而祇敬之曰：「此真先君子之言也。」子思唱之，孟軻和之。世俗之溝猶瞀儒嚾嚾然不知其所非也。遂受而傳之，以為仲尼、子游為茲厚於後世。是則子思、孟軻之罪也。

這裡暫且不論子思，只就孟子來看荀子的批評。這段話撮要來看，一是批評孟子「呼先王以欺愚者」，二是批評孟子之學文理不通。這兩點批評其實都是在說孟子根本未能把握、體現以孔子為代表的儒家的真精神。〈解蔽〉㉜嘗言：「孟子惡敗而出妻，可謂能自彊矣，未及思也。」這句話雖然肯定了孟子的道德自束，但同時即

㉜　以下凡隨文只標篇名者均出自《荀子》一書，不另注。

指出他未達思理之明,這顯然又是批評孟子尚不具大儒應有之叡智。
參照下引〈儒效〉篇的一段話,孟子其實已被荀子打入了「俗儒」
之列——

> 逢衣淺帶,解果其冠;略法先王,而足亂世術;繆學雜舉,
> 不知法後王而一制度,不知隆禮義而殺《詩》、《書》;其衣
> 冠行偽,已同於世俗矣,然而不知惡者;其言議談說,已無
> 以異於墨子矣,然而明不能別;呼先王以欺愚者,而求衣食
> 焉,得委積足以揜其口,則揚揚如也;隨其長子,事其便辟,
> 舉其上客,偲然若終身之虜,而不敢有他志,是俗儒者也。

　　這段引文當然未必全都針對孟子而發。孟子行跡與文中描繪的
苟求利祿的勢力奴才之狀正相反對,荀子所謂「孟子惡敗而出妻,
可謂能自彊矣」,亦表明他決未將孟子看成那等毫無道德操守的勢
力奴才。但文中所謂「略法先王,而足亂世術;繆學雜舉,……呼
先王以欺愚者」,卻顯然正合前引〈非十二子〉篇批評孟子時所謂
「略法先王,而不知其統,猶然而材劇志大,聞見雜博,……案飾
其辭,而祇敬之曰:『此真先君子之言也』」。
　　雖未將孟子看成勢力奴才,卻仍將他打入與勢力奴才為伍的
「俗儒」之列,是亦足見荀子對孟子的嚴厲態度。
　　然而,最具實質理論內容的,還是下面的批評:

> 孟子曰:「人之學者,其性善。」曰:是不然。是不及知人之
> 性,而不察乎人之性偽之分者也。凡性者,天之就也,不可
> 學,不可事;禮義者,聖人之所生也,人之所學而能,所事

而成者也。不可學，不可事而在人者，謂之性；可學而能，可事而成之在人者，謂之偽。是性偽之分也。今人之性，目可以見，耳可以聽；夫可以見之明，不離目；可以聽之聰，不離耳；目明而耳聰，不可學，明矣。……

孟子曰：「人之性善。」曰：是不然。凡古今天下之所謂善者，正理、平治也；所謂惡者，偏險、悖亂也。是善惡之分也已。今誠以人之性，固正理、平治邪？則有惡用聖王，惡用禮義矣哉？雖有聖王、禮義，將曷加於正理、平治也哉？今不然。人之性惡。……

……凡論者，貴其有辨合，有符驗。故坐而言之，起而可設，張而可施行。今孟子曰：「人之性善」，無辨合、符驗；坐而言之，起而不可設，張而不可施行，豈不過甚矣哉？㉝

主「性惡」還是主「性善」，為荀子與孟子的根本分歧所在，亦是荀子屢遭後儒（特別是宋明儒）詬病的根本原因。荀子人性論將在後文闢專章闡釋，這裡祇擬從思想性質、學術源流的判別上以荀孟對人性的基本看法為重心，考察一下二者之歧異。

從上面的引文來看，荀子對孟子性善論的批評主要著眼於如下三個角度：

其一，「性」的「正名」（「凡性者，天之就也，不可學，不可事」）；

其二，「善」的「正名」（「凡古今天下之所謂善者，正理、平治也」）；

其三，理論品格的要求（「凡論者，貴其有辨合，有符驗」）。

㉝　《荀子・性惡》。

　　前兩個角度為語義的辨析，第三個角度則包含著邏輯的考察與實踐的驗證。荀子認為，孟子的性善論既錯誤地理解了「性」， 又錯誤地理解了「善」； 建立在這種概念錯誤上的理論既不合邏輯，又無法實行，因此是荒謬的。

　　統觀荀子對孟子的批評，可以見出兩個顯著的標準或特徵，一是要求思想具有知性的、邏輯的清晰、準確，二是要求思想具有經驗的、實踐的可行、功效。孟子思想在荀子看來既不具知性的、邏輯的清晰、準確（即所謂「僻違而無類，幽隱而無說，閉約而無解」），又不具經驗的、實踐的可行、功效（即所謂「坐而言之，起而不可設，張而不可施行」），因此便不合儒者「聖王」之真精神（「略法先王而不知其統」），無補儒者「聖王」之大事業——實現「正理」、「平治」的理想社會。

　　應該承認，就上述兩個標準或特徵來說，荀子對孟子的批評確乎相當中肯。人稱孟子雄辯，《孟子》七篇亦確乎充溢著氣勢磅礡、銳不可當的雄辯性❸❹。但孟子之雄辯與其說是顯現了一種邏輯的力量，毋寧說是顯現了一種道義的力量。孟子思想之所以能夠折服人蓋因其具有震撼人心的人道精神，如果從知性精神、形式邏輯的角度來看，孟子學說就確乎是「僻違而無類，幽隱而無說，閉約而無解」，充滿了經不起推敲的、似是而非的「無類比附」❸❺，不時地表現出神秘主義的玄思、獨斷、模糊。從實踐的可行性來看，孟子學說則比孔子學說更迂闊，他的政經主張在他所處的那個時代，簡直

---

❸❹ 文學史家討論先秦散文，多稱道孟文雄辯、莊文恣肆、荀文謹嚴，為鼎足三大家。

❸❺ 近人侯外廬先生詳盡地論列了孟學此弊，見所著《中國思想通史》第一卷，第十二章，第七節，人民出版社，1957年版。

無異於癡人說夢，完全流於空想一途，所謂「坐而言之，起而不可設，張而不可施行」，是千真萬確的。

　　但如果我們能夠從一個更深的層面來思考問題，能夠著眼於儒家之根本要旨來考察孟子學說，則荀子對孟子人性論的批評，便顯得有些輕率了。

　　還是要回到孔子。前文嘗言，孔子力圖從救治人心、建構道德人格入手來光復周文，重建儒所憧憬的理想社會。他由此而在思想文化上做出了「以仁釋禮」的創發性建樹。而所謂「以仁釋禮」，其實就是將外在的、強制的社會規範約束化為內在的、自覺的心理情感欲求。此適如李師澤厚所云：

> ……把「禮」的基礎直接訴之於心理依靠。……把「禮」以及「儀」從外在的規範約束解說成人心的內在要求，把原來的僵硬的強制規定，提昇為生活的自覺理念，把一種宗教性、神秘性的東西變而為人情日用之常，從而使倫理規範與心理欲求溶為一體。「禮」由於取得這種心理學的內在依據而人性化，……❸❻
>
> 孔子用「仁」解「禮」，本來是為了「復禮」，然而其結果卻使手段高於目的，被孔子所發掘、所強調的「仁」——人性心理原則，反而成了更本質的東西，外的血緣（「禮」）服從於內的心理（「仁」）：「人而不仁，如禮何？人而不仁，如樂何？」「禮云禮云，玉帛云乎哉？樂云樂云，鐘鼓云乎哉？」「禮與其奢也寧儉，喪與其易也寧戚」；「今之孝者，是謂能養，至於犬馬，皆能有養，不敬，何以別乎？」……不僅外在的形

❸❻　李澤厚：《中國古代思想史論》，人民出版社，1985年版，第20頁。

式（「儀」：玉帛、鐘鼓），而且外在的實體（「禮」）都是從屬而次要的，根本和主要的是人的內在的倫理——心理狀態，也就是人性。後來孟子把這個潛在命題極大地發展了。**㊲**

孔子「以仁釋禮」，亦如前述，是在「內聖外王」這一儒的渾整圓成的理想中突出了「內聖」一面，亦即突出了人性的道德完成這一面。而孟子對孔子的承續、發展，也正在這一面。孟子對儒學的最大貢獻，是他第一個明確地提出和系統地闡釋了儒的人性論。孟子人性論包含著三重結構：A.對人性的理解——人性本善，善在人心（「君子所性，仁義禮智根於心……」**㊳**、「惻隱之心，人皆有之；羞惡之心，人皆有之；恭敬之心，人皆有之；是非之心，人皆有之。惻隱之心，仁也；羞惡之心，義也；恭敬之心，禮也；是非之心，智也。仁義禮智，非由外鑠我也，我固有之也，……」**㊴**）B.實現人性的方法——返求諸己，擴充「四端」（「惻隱之心，仁之端也；羞惡之心，義之端也；辭讓之心，禮之端也；是非之心，智之端也。人之有是四端也，猶其有四體也。有是四端而自謂不能者，自賊者也……凡有四端於我者，知皆擴而充之矣，若火之始然，泉之始達。苟能充之，足以保四海；苟不充之，不足以事父母」**㊵**）；C.學問的目的——收求善心，光復人性（「學問之道無他，求其放心而已矣」**㊶**）。

㊲　李澤厚：《中國古代思想史論》，人民出版社，1985年版，第22頁。

㊳　《孟子・盡心上》。

㊴　《孟子・告子上》。

㊵　《孟子・公孫丑上》。

㊶　《孟子・告子上》。

　　上述三重結構可以概括為：創設先驗的「心」本體，以「心」釋「仁」，從而為儒所憧憬的「仁政王道」提供原初的深層心理依據，形上道德本根。

　　以心釋仁，是孟子人性論的核心命題，是孟子對孔子的重大發展。從孔子的以仁釋禮到孟子的以心釋仁，明確了儒學（特別是內聖之學）的最高目的——追求、實現一種至善人性、道德心靈，深化了儒的道德實踐「由內而外」這一走向、方法。馮友蘭先生談孔孟區別時說：「孔子講仁及忠恕，多限於個人之修養方面；孟子則應用之於政治及社會哲學。孔子講仁及忠恕，只及於『內聖』；孟子則更及於『外王』。」⑫

　　孟子確乎比孔子更多地闡釋了「仁政王道」，但這恰巧突出地表明，孟子更強調了「由內而外」（「人皆有不忍人之心。先王有不忍人之心，斯有不忍人之政矣。以不忍人之心，行不忍人之政，治天下可運之掌上。」⑬）。他甚至認為，有了「內聖」，「外王」便不成問題（「仁人無敵於天下，以至仁伐至不仁，而何其血之流杵也？」⑭「國君好仁，天下無敵焉」⑮）。因此，孟子之闡釋「外王」的重要旨歸，恰巧是為了論證「內聖」的不可抵禦的道德力量，恰巧是為了樹立倫理主體、至善人性——道德心靈的尊嚴、權威。

　　由上，孟子之人性論雖不無片面卻也相當深刻地把握了儒學的真精神。如果承認孔子為「先君子」，那麼孟子便不僅銘記了「先君子之言」，且發揚光大了「先君子之言」；如果承認孔子思想體現

---

⑫　馮友蘭：《中國哲學史》上冊，中華書局，1961年版，第154頁。

⑬　《孟子・公孫丑上》。

⑭　《孟子・盡心下》。

⑮　同上。

了「先王之統」，那麼荀子批評孟子「略法先王而不知其統」，便缺
乏客觀依據。孟子之「性善」說，為儒家倫理主體的建構、理想人
格的追求，提供了先驗的、普遍的、絕對的本體依據，儒家人性論
到了孟子這裡，才呈現出成熟形態❹。故凡認同於儒家道德主體之
基本價值者，均不能不肯認孟子把握且高揚了以孔子為代表的儒家
之要旨。

　　前又嘗言，荀子本未否定儒家道德主體之基本價值，那麼他何
以那樣嚴厲地批評孟子，那樣嚴重地誤解了孟子呢？我以為，荀子
對孟子的否定，與其說是出於理論的是非，毋寧說是出於現實的需
要。所謂「僻違而無類，幽隱而無說，閉約而無解」，固為注重邏
輯清晰、富於知性精神的荀子所不能容忍，但「坐而言之，起而不
可設，張而不可施行」，卻更為荀子深惡孟子之所在。進而言之，
荀子之貴知性、重邏輯，目的亦端在實現儒家的倫理追求，而決非
出自純理論的興趣。如他嘗言：

　　　　君子必辯。凡人莫不好言其所善，而君子為甚焉。是以小人
　　　辯，言險；而君子辯，言仁也。言而非仁之中也，則其言不
　　　若其默也，其辯不若其吶也；……❹

　　故荀子批評孟子思想「僻違而無類，幽隱而無說，閉約而無

---

❹　分析哲學家列・斯蒂文森認為完整的人性理論必具四重結構：a.關於
　　宇宙本性的背景理論；b.關於人的本性的基本理論；c.關於人的病症
　　的診斷；d.關於治癒病症的藥方（見所著《人與人的世界》）。孟子的
　　人性理論，可說是初步具備了斯氏所云之四重結構。

❹　《荀子・非相》。

解」，　說到底，還是因為在他看來這種理論上不夠「考究」的思想祇能是「坐而言之，起而不可設，張而不可施行」，　從而貽誤儒的事業。如果考慮到荀子其時的歷史情勢，則荀子重理論的知性力量與實際功效，責斥孟子缺乏實踐可行性的空想理論，應該是可以理解的。但由此恰可見出，荀孟在倫理價值、社會理想上並無根本分歧，分歧主要在於實現這倫理價值、社會理想的心路走向、實踐途徑。對荀孟在「人性論」上的尖銳矛盾，亦當作如是觀。初看起來，「性惡」說與「性善」說真可謂水火不容，並且二說歧異確乎亦包含著荀孟在一些重大理論問題（如宇宙論、天人關係等）上的歧異（詳容後述），　但孟子主「性善」固切合儒旨，荀子主「性惡」亦決未出儒說，因為荀子主「性惡」，目的亦端在「性善」，亦端在實現儒的人格理想。荀孟人性論的分歧，其源蓋出於對人類先驗自然情性亦即天生資質的不同理解或說各執一端。孟子云：「乃若其情，則可以為善矣，乃所謂善也」❹，之所以如此，是因為「惻隱之心，人皆有之；羞惡之心，人皆有之；恭敬之心，人皆有之；是非之心，人皆有之」❹。荀子云：「人之性惡明矣，其善者偽也」❺，之所以如此，是因為「今人之性，生而有好利焉，順是，故爭奪生，而辭讓亡焉；生而有疾惡焉，順是，故殘賊生，而忠信亡焉；生而有耳目之欲、有好聲色焉，順是，故淫亂生，而禮義文理亡焉。然則，從人之性，順人之情，必出於爭奪，合於犯分亂理，而歸於暴；故必將有師法之化，禮義之道，然後出於辭讓，合於文理，而歸於治。」❺概言之，孟子認為人的天生資質有向善的傾向，故人性善；

---

❹　《孟子・告子上》。

❹　同上。

❺　《荀子・性惡》。

荀子則認為人的天生資質有為惡的趨勢，故人性惡。但荀孟的目的
卻顯然都是要建構儒的理想人格，實現儒所肯認的「善」。 荀孟在
人性論上的分歧，還有值得深入分剖的理論關節，留待後文闢專章
討論。這裡只想指出，荀孟對人性的不同看法再次表明了他們的心
智類型的差異。孟子耽於理想，故高標人性善以求光復；荀子專務
現實，故暴露人性惡以思規化。從歷史現實來看，孟子本已憤怒地
控訴「爭城以戰，殺人盈城，爭地以戰，殺人盈野」❷、「庖有肥肉，
廄有肥馬，民有飢色，野有餓莩，此率獸而食人」❸。其時情勢已
如霍布士所云「人對人象虎狼」， 因此如孟子那樣宣講人性善使人
良心發現，已毫無現實的力量，已很難引發真正的共鳴，試想深深
地陷入你死我活的利害角逐中，怎會顧及什麼道德自束！荀子則正
是由於充分地認識到冷酷的政治現實與人生黑暗決非單純的、熱情
的道德呼籲所能改變，才劈面指出人性之惡，並堅決主張用禮法的
強制性約束來使人不得不「偽」，不得不「善」。荀子的主張，已頗
有點馬基雅維利的「只有法律才能使人為善」的味道。法家二重鎮
韓非、李斯皆以荀子為師，其來有自。但荀子與一切法家的根本區
別是，他從來不曾把「人」當作手段，從來不曾把「善」當作手段，
他始終秉承儒的真精神：以「人」為目的，以「善」為目的。他批
評孟子的性善論，不過是覺得這種理論不科學、不現實，並不能真
正地使人向善，亦即還是那個老理由：「坐而言之，起而不可設，
張而不可施行」。

❺ 《荀子・性惡》。

❷ 《孟子・離婁上》。

❸ 《孟子・梁惠王上》。

三、荀子與墨子

荀子批評諸子，對墨子（連及宋鈃）用墨最多。《荀子》一書，批評諸子言論多集中於〈非十二子〉篇，惟對墨子的批評，卻又及於〈天論〉、〈解蔽〉、〈樂論〉、〈富國〉、〈王霸〉、〈正論〉諸篇。其中〈樂論〉一篇猶全為批評墨子而作。荀子之所以花費最多的筆墨批評墨子，大概與墨學與儒學同為顯學，足與儒家相頡頏有關。孟子嘗言：「楊朱、墨翟之言盈天下。天下之言，不歸楊，則歸墨。」❺❹，楊朱影響，遠不及墨，先秦百家，只有墨家對儒家構成了最嚴重威脅，因此儒家從孟子開始，便竭力辟墨。但孟子對墨子的批評，自然是詈罵多，指陳少，不過是「墨氏兼愛，是無父也。……是禽獸也」❺❺之類。而荀子對墨子的批評，較之孟子則遠為全面、系統，基本上涉及了墨子的全部主要觀點。

〈非十二子〉云：

> 不知壹天下、建國家之權稱，上功用，大儉約，而僈差等，曾不足以容辨異、縣君臣；然而其持之有故，其言之成理，足以欺惑愚眾；是墨翟、宋鈃也。

這是一般地批評墨子的功利思想與「節用」、「兼愛」諸說（宋鈃之學亦墨亦楊亦道，本文只擬在列敘荀子批評相關諸子時以之作補充材料，不擬專作論說）。值得注意的是，同為針對「兼愛」，孟

---

❺❹ 《孟子・滕文公下》。

❺❺ 同上。

子辟墨，重點是墨子的「無父」， 荀子辟墨，重點則是墨子的「無君」（「縣君臣」）。由是亦可見出，孟子更關注倫理原則，荀子更關注政治秩序。

更具體、更深入的批評，還是下引諸文——

墨子有見於齊，無見於畸；……有齊而無畸，則政令不施；……❺❻

墨子蔽於用，而不知文；……由用謂之道，盡利矣；……❺❼

墨子之言，昭昭然為天下憂不足；夫不足，非天下之公患也，特墨子之私憂過計也。

今是土之生五穀也，人善治之，則畝數盆，一歲而再獲之，然後瓜、桃、棗、李，一本數以盆鼓；然後葷菜、百疏，以澤量；然後六畜、禽獸，一而剸車；黿鼉魚鱉鰍鱣以時別，一而成群；然後飛鳥鳧雁若烟海；然後昆蟲萬物生其閒；可以相食養者，不可勝數也。夫天地之生萬物也，固有餘，足以食人矣；麻葛繭絲，鳥獸之羽毛齒革也，固有餘，足以衣人矣。夫不足，非天下之公患也，特墨子之私憂過計也。

天下之公患，亂傷之也。胡不嘗試相與求亂之者誰也？

我以墨子之非樂也，則使天下亂；墨子之節用也，則使天下貧；非將墮之也，說不免焉。墨子大有天下，小有一國，將蹙然衣麤食惡，憂戚而非樂；若是，則瘠；瘠，則不足欲；不足欲，則賞不行。墨子大有天下，小有一國，將少人徒，省官職，上功勞苦，與百姓均事業，齊功勞；若是，則不威；

❺❻ 《荀子·天論》。

❺❼ 《荀子·解蔽》。

不威，則罰不行。賞不行，則賢者不可得而進也；罰不行，
則不肖者不可得而退也。賢者不可得而進也，不肖者不可得
而退也，則能不能不可得而官也。若是，則萬物失宜，事變
失應，上失天時，下失地利，中失人和，天下敖然，若燒若
焦。墨子雖為之衣褐帶索，嚾菽飲水，惡能足之乎？既以伐
其本，竭其原，而焦天下矣！

……

故墨術誠行，則天下尚儉而彌貧，非鬥而日爭；勞苦頓萃，
而愈無功；愀然憂戚非樂，而日不和。❺❽

大有天下，小有一國，必自為之然後可，則勞苦耗頹莫甚焉。
如是，則雖臧獲不肯與天子易埶業。以是縣天下，一四海，
何故必自為之？為之者，役夫之道也，墨子之說也。❺❾

　　此外，為了批評墨子的「非樂」，荀子專門寫了〈樂論〉，系統
地指出了「墨子之非樂，則使天下亂」的道理。（詳說見本書第七
章）

　　察荀子對墨子的批評，可以見出：A.荀子的態度客觀、理性。
他對墨子「有見於齊」的有保留的肯定，在百家互相激烈攻伐的戰
國時代，表現了一種難得的公允。此亦表明，荀子對百家的批評，
已具有總結思想史的意味，而非純為論戰需要。B.荀子的思想成熟、
敏銳。他所謂「有見於齊，無見於畸」、「蔽於用而不知文」，相當
準確地抓住了墨子的片面性或說理論弱點。

　　儒墨歧異，概而言之，是人文與功利的歧異。如果說孟子還只

---

❺❽　《荀子・富國》。

❺❾　《荀子・王霸》。

是從倫理準則的角度激烈但嫌簡單地暴露了這種歧異（僅以「無父」二字抨擊墨子「兼相愛」的功利倫理觀**⑩**），那麼荀子則遠為深廣地揭示了這種歧異的社會歷史內涵。

墨子「三表」之說，特重「國家百姓人民之利」**⑪**；他的功利思想，確乎出自對「饑者不得食，寒者不得衣，勞者不得息」**⑫**的真誠關注；他所謂「古者聖王，甚尊尚賢，而任使能，不黨父兄，不偏貴富」**⑬**、「賞賢罰暴，勿有親戚兄弟之阿」**⑭**、「雖在農與工肆之人，有能則舉之」**⑮**，亦確乎表現出一種下層民眾的平等觀念；墨者「摩頂放踵，利天下為之」**⑯**，更具有一種令人崇敬的獻身精神。但由於小生產者狹隘眼界的限制**⑰**，墨子思想不能不帶有空想、淺率、自相矛盾的特徵。他以「交相利」為前提而提倡「兼相愛」，

---

⑩ 墨子「兼相愛」以「交相利」為前提，如：「必吾先從事乎愛利人之親，然後人報我以愛利吾親也……，投我以桃，報之以李，即此言愛人者必見愛也，而惡人者必見惡也」（《墨子‧兼愛下》）、「雖有賢君，不愛無功之臣，雖有慈父，不愛無益之子」（《墨子‧親士》），其反對儒家「三年之喪」，認為這樣會「敗男女之交」而影響人口增長，顯然也出自功利觀念。

⑪ 《墨子‧非命上》。

⑫ 《墨子‧非樂上》。

⑬ 《墨子‧尚賢中》。

⑭ 《墨子‧兼愛下》。

⑮ 《墨子‧尚賢上》。

⑯ 《孟子‧盡心上》。

⑰ 本文贊同李師澤厚的下述看法：「墨子具有小生產勞動者思想代表的特徵」、「中國小生產者勞動階級的某些思想特徵，是空前絕後地以系統的理論形態呈現在墨子此人或此書中的（不包括墨辯）。」（見所著《中國古代思想史論‧墨家初探本》）

亦即以利害考慮為根據而要求天下人無分親疏地普遍相愛，這對於為了一己之利正殺得你死我活的萬國諸侯，簡直是在癡人說夢；他以「虛虧民衣食之財，仁者弗為」❻為由而主張「非樂」，顯然亦十分地膚淺輕率；他一方面畢其生為平民奔走呼號，主張唯賢是舉，另方面又提出「尚同」、「天志」，培植了最野蠻的政治專制與思想統治，這又表現出極其混亂的思想矛盾。但歸總地看，墨子思想的致命弱點卻是對功利與人文關係的錯誤理解。

墨子以功利價值觀為立說的緣起與旨歸，強調人類最基本的生存需求的頭等重要性，固然具有合理性，且具為底層平民爭取生存權利的正義性；他也未必完全像荀子所批評的那樣「不知文」❻；但由於他堅決主張為了「用」必須犧牲「文」，從而便將功利與人文絕對化地對立起來，此確如荀子所說是「由用謂之道」，結果便完全歸於功利一途（「盡利矣」）。墨子沒有認識到，人類社會的存在，是多種文化因素整合調適而生展的歷程，是多元價值相輔並進的歷程，功利價值決無孤立實現之可能。如果說在人類社會早期，在社會分工尚未形成或尚不發達的時期，功利追求還不能不是全社會的唯一要務，人文價值還不能不是功利價值的附庸工具❼，那麼

---

❻　《墨子・非樂上》。

❻　劉向《說苑・反質》載：禽子問於墨子曰：「錦繡絺紵，將安用之。」墨子曰：「……今當凶年，有欲予子隨侯之珠者，不得賣也，珍寶而以為飾；又欲予子一鍾粟者。得珠者不得粟，得粟者不得珠，子將何擇？」禽子曰：「吾取粟耳；可以救窮。」墨子曰：「誠然，則惡在事夫奢也？長無用，好末淫，非聖人之所急也。故食必常飽，然後求美；衣必常暖，然後求麗；居必常安，然後求樂；為可長，行可久；先質而後文；此聖人之務。」由此看來，墨子並非「不知文」，他是要求「先質而後文」，亦即是說：人需先活著，然後才求活得好。

隨著人類文明的日益演進，隨著腦力勞動（「勞心」）與體力勞動（「勞力」）的分途及專業化的日漸精細，人文價值便日漸凸顯其在社會生活中的本體地位，政治、倫理、藝術等人文價值系統非但不再直接受制於功利價值，反倒經常成為超前的、主導的因素，支配著功利價值實現的程度、形態、方式、途徑。墨子捨人文而求功利，顯然與社會發展的基本趨勢正相反對，他之與儒相對峙，「背周道而用夏政」， 實際上是將歷史發展簡單化，將社會生活犬儒化。莊子批評墨子說：「其生也勤，其死也薄，其道大觳；使人憂，使人悲，其行難為也，恐其不可以為聖人之道。反天下之心，天下不堪；墨子雖獨能任，奈天下何？離於天下，其去王也遠矣。」❼

莊子的批評，指出了墨子的犬儒化傾向，而真正站在社會的政治運作與人文發展的高度深入地批評墨子的功利觀，還是要屬荀子。為了凸顯荀子批評的深刻意義，不妨以孟子對宋牼（按即宋鈃）的批評作一比照。《孟子・告子下》載：

宋牼將之楚，孟子遇於石丘，曰：「先生將何之？」

曰：「吾聞秦楚構兵，我將見楚王說而罷之。楚王不悅，我將見秦王說而罷之。二王我將有所遇焉。」

曰：「軻也請無問其詳，願聞其指。說之將何如？」

曰：「我將言其不利也。」

曰：「先生之志則大矣，先生之號則不可。先生以利說秦楚之

❼⓪ 《淮南子・要略》云：「墨子學儒者之業，受孔子之術。以為其禮煩擾而不悅，厚葬靡財而貧民，服傷生而害事，故背周道而用夏政。」墨子「背周道而用夏政」，追求遠古社會理想，恐或與本文所云有關。

❼① 《莊子・天下》。

王，秦楚之王悅於利，以罷三軍之師，是三軍之士樂罷而悅
於利也。為人臣者懷利以事其君，為人子者懷利以事其父，
為人弟者懷利以事其兄，是君臣、父子、兄弟終去仁義，懷
利以相接，然而不亡者，未之有也。先生以仁義說秦楚之王，
秦楚之王悅於仁義，而罷三軍之師，是三軍之士樂罷而悅於
仁義也。為人臣者懷仁義以事其君，為人子者懷仁義以事其
父，為人弟者懷仁義以事其兄，是君臣、父子、兄弟去利，
懷仁義以相接也，然而不王者，未之有也。何必曰利?」

　　宋牼雖不能等同於墨子，但這裡的以「利」說「非攻」，卻亦
完全是墨子一路，故孟子這段「義利之辨」，亦可看作是針對墨子。
孟子以「悅於仁義」否定「悅於利」，固然具有一種道德的崇高性，
但他的主張在當時的政治情勢中，顯然既軟弱又空幻；從理論邏輯
的角度看，他亦根本沒有論證何以「懷利」就要「亡」，「懷仁義」
就能「王」。因此，他的批評既不能在現實上說服好戰的統治者，
亦不能在理論上駁倒墨家者流。而荀子對墨子的批評，則比孟子要
遠為深刻、遠為有力地抓住了墨子的要害。從前面的引文中可以見
出，荀子批評墨子，不是像孟子那樣僅僅著眼於倫理觀念泛泛地進
行道德批判，而是直接切入社會的政治運作與人文發展，指出墨子
重功利、輕人文（「蔽於用，而不知文」），不能不從根本上破壞了社
會的政治秩序與文化秩序（「有齊而無畸，則政令不施」、「萬物失宜，
事變失應」），從而只能造成天下大亂，百姓貧弱（「墨子之非樂也，
則使天下亂；墨子之節用也，則使天下貧」）。這種政治、文化、經
濟的全面批判，表現出相當嚴整的邏輯性與令人折服的現實力量，
深入地、具體地揭示了墨學的理論失誤與現實後果。盡管荀子對

「威」、「賞」、「罰」的強調、對「役夫之道」的指摘等，確乎表現出某種貴族氣，他對墨子「為天下憂不足」的不以為然，亦表明他確乎不像墨子那樣關注平民（墨子的「為天下憂不足」，其實就是為平民憂不足，這決不像荀子所批評的那樣，是墨子的「私憂過計」，而是千真萬確地「天下之公患」），但統而觀之，荀子較之墨子又確乎表現出更深刻的見地，更寬廣的視野，更前瞻、更樂觀的歷史意識。

四、荀子與老莊

《荀子・天論》云：

老子有見於詘，無見於信；……有詘而無信，則貴賤不分；……

《荀子・解蔽》云：

莊子蔽於天，而不知人；……由天謂之道，盡因矣；……

荀子批評老莊，雖此寥寥數語，卻相當精當地揭示了儒道的根本區別。「有詘而無信」，切合道家「無為」要旨，與儒家的積極進取，甚至「知其不可為而為之」自然難相湊泊。「有見於詘，無見於信」的批評，其實是以儒的「剛」來批評道的「柔」，「貴賤不分」的指摘更鮮明地表現出荀子抱持禮法等級、政治秩序的儒家立場。對莊子「蔽於天，而不知人」的批評，具有深刻的哲學意義，它觸

及到儒道二家對天人關係的不同理解、不同態度。今人侯外廬先生
嘗謂荀子「吸取了道家的自然天道觀」⓻，此說容或有據，但整體
地看，荀子天道觀與道家天道觀仍判然有別，仍鮮明地體現出儒家
特色。此從上引評莊文中已可略見一斑。「蔽於天，而不知人」的
批評，顯然是站在儒家立場上指出不能忽視人事的主動地位與積極
作為；「由天謂之道，盡因矣」的指摘，更是明確地否定了道家天
道觀所派生的對自然的消極順應的態度。儒家天道觀到了荀子這裡，
確有重大變化，但這併不意味著向道家天道觀靠攏，而是為儒道天
道觀乃至天人關係論的區別增添了新的歷史內容。此點後文當闢專
章闡述。

五、荀子與名家

荀子重邏輯，但他對專治邏輯的名家，卻亦多所批評。《荀子・
不苟》云：

> 「山淵平。天地比。齊秦襲。入乎耳，出乎口。鉤有須。卵
> 有毛。」是說之難持者也，而惠施、鄧析能之；然而君子不貴
> 者，非禮義之中也。

《荀子・非十二子》云：

> 不法先王，不是禮義，而好治怪說，玩琦辭，甚察而不惠，
> 辯而無用，多事而寡功，不可以為治綱紀；然而其持之有故，

⓻ 見侯外廬等著：《中國思想通史》第一卷，人民出版社，1957年版。

其言之成理，足以欺惑愚眾：是惠施、鄧析也。

《荀子·儒效》云：

不恤是非，然不之情，以相薦撙，以相恥怍，君子不若惠施、鄧析。……「堅白」、「同異」之分隔也，是聰耳之所不能聽也，明目之所不能見也，辯士之所不能言也；雖有聖人之知，未能僂指也。不知，無害為君子；知之，無損為小人。工匠不知，無害為巧；君子不知，無害為治。王公好之，則亂法；百姓好之，則亂事。而狂惑戇陋之人，乃始率其群徒，辯其談說，明其辟稱，老身、長子不知惡也。夫是之謂上愚，曾不如相雞狗之可以為名也。

《荀子·修身》云：

夫「堅白」、「同異」、「有厚無厚」之察，非不察也，然而君子不辯之也。

《荀子·解蔽》云：

惠子蔽於辭，而不知實；……由辭謂之道，盡論矣；……

荀子對名家的批評，最鮮明地表現出他所抱持的儒的基本價值觀。從這種價值觀出發，荀子雖然也稱「君子必辯」[73]（這較之孔

---

[73]　《荀子·非相》。

子的「訥於言而敏於行」乃至孟子的「予豈好辯哉，予不得已也」都是一個發展），但他十分注意「小人辯，言險；而君子辯，言仁」❼⁴的區別，強調「言而非仁之中也，則其言不若其默也，其辯不若其訥也」❼⁵，因此，仍與孔子一脈相承。荀子之所以批評名家，就是因為名家之「辯」「不法先王，不是禮義」、「不知，無害為君子；知之，無損為小人」，亦即未能體現儒的價值觀，無助於儒的道德追求，因此儘管名家善於解析複雜的邏輯問題（「說之難持者」），能夠洞察事物的微妙道理（「非不察也」），卻與真正的修養無干（「君子不貴」、「君子不辯之」）。

　　荀子對名家的態度，典型地表現了儒家思想的基本性質——專注於道德踐履、文化秩序與政治事功的實用理性。他批評名家「好治怪說，玩琦辭」、「蔽於辭，而不知實」，其實就是對純粹邏輯探求的否定。在儒看來，任何思想形態只要與內聖外王、安邦定國沒有聯繫，便是無意義的，甚至是有害的。荀子作為一位已經注意到邏輯講究的重要性的儒學改革家，仍沒能跳出這個窠臼。他對名家的否定，其源蓋出於此。這種儒的思想傾向或說價值取捨甚至範導了以後中國人的基本思維類型。中國文化的長處與短處，都與這種思維類型有著內在聯繫。

六、荀子與法家

　　荀子與法家的關係猶值得重視。這不僅是由於荀子常被視為陽儒陰法、由儒向法過渡的思想家，從而弄清他與法家的關係對於判

---

❼⁴　《荀子·非相》。

❼⁵　同上。

明他所屬的思想陣營至關重要，更由於這條思想線索第一次比較完整系統地將儒法兩個極端對立的思想體系紐結到一起，從而開闢了思想史的一個新時代。它亦為窺視中國政治史的奧秘提供了一個重要的視角。但本文這裡還是只能從釐清荀子思想基本性質的角度評述一下他對法家的批評。

《荀子·非十二子》云：

> 尚法而無法，下循而好作，上則取聽於上，下則取從於俗，終日言成文典，反紃察之，則倜然無所歸宿，不可以經國定分；然而其持之有故，其言之成理，足以欺惑愚眾：是慎到、田駢也。

《荀子·天論》云：

> 慎子有見於後，無見於先；……有後而無先，則群眾無門。

《荀子·解蔽》云：

> 慎子蔽於法，而不知賢；申子蔽於埶，而不知知；……由法謂之道，盡數矣；由埶謂之道，盡便矣；……

慎到、申不害（申子）等為法家前期代表人物。按法、埶、術三者為法家始終堅持的治國三原則（前期諸法家各有側重，到了韓非子，則融匯貫通，遂集法家之大成），從上面引文可以見出，荀子是全面地批評了這三項原則，「有後而無先，則群眾無門」的指

摘亦表明荀子並不像法家那樣專致於君國統治術的刻薄寡恩，因此說他是陽儒陰法，或是由儒向法過渡，很難說得過去。至少在自覺的思想層面上，荀子對法家那一套是既有清醒認識，又給予了堅決抵制。在根本的思想原則上，荀子顯然沒有接受法家的影響，他仍堅守著儒家立場。

如果說荀子自覺地和前期法家劃清了思想界限，那麼他和後期法家，如韓非子、李斯的關係應怎樣解釋？畢竟不能否認，法家理論思想的重鎮韓非子與法家政治實踐的重鎮李斯都出自荀子的門下。教出了兩個大法家的老師，反而會和法家一點思想聯繫都沒有嗎？這是一個十分複雜的問題，本文擬留待後面具體介紹荀子思想時再作分析，這裡只想指出，荀子與他的法家學生其實存在著原則性的思想歧異。《荀子・議兵》記載著一段荀子與李斯的著名對話——

> 李斯問孫卿子曰：「秦四世有勝，兵強海內，威行諸侯，非以仁義為之也，以便從事而已。」
> 孫卿子曰：「非女所知也。女所謂便者，不便之便也；吾所謂仁義者，大便之便也。彼仁義者，所以脩政者也。政脩，則民親其上，樂其君，而輕為之死。故曰：『凡在於軍，將率，末事也。』秦四世有勝，諰諰然常恐天下之一合而軋己也。此所謂末世之兵，未有本統也。故，湯之放桀也，非其逐之鳴條之時也；武王之誅紂也，非以甲子之朝而後勝之也；皆前行、素脩也。此所謂仁義之兵也。今女不求之於本，而索之於末，此世之所以亂也。」

再參之「先生議兵，常以仁義為本」、「四帝兩王，皆以仁義之兵行於天下也。故，近者親其善，遠方慕其德；兵不血刃，遠邇來服；德盛於此，施及四極」❼，荀子之議兵，除了表現出他所特有的深刻論析外，更表現出一種正義的道德力量，簡直可以看作孟子的翻版。荀子對李斯的批評，典型地表現了儒家軍事思想與法家軍事思想的對抗，從而亦表明荀子與他的法家學生在重大的強國之本的問題上，看法是完全相反的。由此可以見出，學生是法家，老師未必就一定也是法家。韓非子、李斯俱出荀子門下至少不能作為判斷荀子為法家的充分條件。天下學生背叛師說的，正所謂不勝枚舉了。

七、荀子與其餘諸子

除了對上述幾位比較有影響的思想家的批評外，荀子還論及幾位思想史雖記載無多，言行卻亦值得注意的思想家：

《荀子・非十二子》云：

> 弟佗其冠，神禪其辭，禹行而舜趨，是子張氏之賤儒也；正其衣冠，齊其顏色，嗛然而終日不言，是子夏氏之賤儒也；偷儒憚事，無廉恥而耆飲食，必曰「君子固不用力」，是子游氏之賤儒也。

這是荀子對儒家營壘內幾位思想家的批評。《荀子・儒效》曾將儒分為三個等級：「有俗儒者，有雅儒者，有大儒者」。「大儒」

---

❼　《荀子・議兵》。

能「法先王，統禮義，一制度」，「雅儒」能「法後王，一制度，隆禮義而殺《詩》、《書》」，「俗儒」則「逢衣淺帶，解果其冠；……呼先王以欺愚者，而求衣食焉。」比照上面的批評，「賤儒」顯然就是「俗儒」，亦即儒之等而下者。在荀子看來，這種等而下的儒，如子張、子夏、子游之流，早已失去了儒的真精神，不過是一些打著儒的旗號，裝腔作勢，拿姿作態，騙取衣食的寄生蟲。由此看來，荀子對賤儒的抨擊，非但不是否定儒的思想原則，恰巧正是為了挽回頹放的儒風，捍衛儒的思想原則，發揚儒的真精神。當然，荀子是在他自己所處時代的基礎上，來理解、來闡釋、來強調儒的思想原則、儒的真精神。

《荀子・非十二子》云：

> 縱情性，安恣睢，禽獸行，不足以合文通治；然而其持之有故，其言之成理，足以欺惑愚眾：是它囂、魏牟也。
> 忍情性，綦谿、利跂，苟以分異人為高，不足以合大眾、明大分，然而其持之有故，其言之成理，足以欺惑愚眾：是陳仲、史鰍也。

另《荀子・不苟》云：

> 夫富貴者，則類傲之；夫貧賤者，則求柔之；是非仁人之情也，是姦人將以盜名於晻世者也。險莫大焉。
> 故曰：「盜名，不如盜貨。」田仲、史鰍不如盜也！

對以上四子（按田仲即陳仲）的批評，亦鮮明地表現出荀子堅

守倫理政治秩序的儒家立場。

　　按它嚻、魏牟與陳仲、史鰌的言行亦表現了先秦頗有代表性的人生態度、思想主張。介紹過荀子對他們的批評，本章也就基本上勾勒了荀子批判性清理先秦諸子思想的學術活動的大致輪廓。

　　從荀子對諸子的批評中可以見出，在時代情勢、思想氛圍均不利於儒的社會環境中，荀子仍矢志不渝地堅守著儒的基本原則、最高理想。他對非儒諸子的批評，固表現出對儒的捍衛；他對孟子乃至子張、子夏、子游諸儒的批評，亦只是表明他決心克服迂腐、僵化、不合時宜、形式主義的儒的墮落，力圖重振儒風，恢復儒的真幾，而決非對儒的一般否定。因此，通過對荀子與諸子之關係的考察，可以肯定地說，荀子至少在基本立場上決非陽儒陰法，亦非由儒向法過渡，更不能斷然地說他就是法家。他仍是一個大儒，是一個既富現實精神又具前瞻眼力，既奉倫理準則又重理知態度的劃時代的大儒。

　　荀子對諸子百家的批評，主觀上可以說是抱持著「邪說不能亂，百家無所竄」的儒者目的，客觀上則總結了一部先秦學術思想史。如前所述，這種學術工作使得荀子在一定程度上表現出難能可貴的客觀的理知態度與科學精神。但這種理智態度與科學精神並未能沖淡荀子所肯認的儒的價值取向。如荀子雖然特別強調「學」，但他同時更大講「君子之學」與「小人之學」[77]，認為「學，⋯⋯其義，則始乎為士，終乎為聖人。」[78]這表明荀子將學問知識的講求，仍闡釋為、限定在儒家道德人格的培育，與孔孟毫無二致。如果將西哲亞里士多德與荀子作一比照，當可見出荀子學術態度在文化史上的

[77]　《荀子・勸學》。

[78]　同上。

重要意義。亞里士多德在古希臘思想史上的地位，猶如荀子在先秦思想史上的地位，他亦是一位綜羅百家、總結歷史的劃時代的思想家。但與荀子迥然相異的是，亞里士多德扭轉了蘇格拉底以來倫理──政治哲學涵蓋一切學術的思想傾向，第一次將哲學從其他學科中提取出來，第一次將古希臘的學術做了細密的、科學的分類，從而構織了一套系統的、門類齊全的學科網絡，這對以後西方學術文化的發展，簡直可以說具有頭等意義，亞里士多德因此被稱為西方第一位百科全書式的學者。而荀子雖然亦相當全面地總結了先秦學術思想史，卻仍未能跳出倫理──政治哲學的藩籬，他仍堅執著這一儒的思想框架，以它來評騭、取捨一切思想流派。凡不符合這一思想框架所範導的價值取向者，便是「飾邪說，文姦言，以梟亂天下；矞宇嵬瑣，使天下混然不知是非、治亂之所存」❼⑨，便是「不知，無害為君子；知之，無損為小人」，即便「其持之有故，其言之成理」，也只能是「足以欺惑愚眾」。這種學術態度不能不使荀子確乎在一定程度上表現出來的審觀理知精神大打折扣。它是儒的根本局限，也是以儒為主導的中國傳統文化模式的根本局限。我們看到，直到中古社會的最後一位大儒，近代社會的最初一位學者──王夫之那裡，仍在很大程度上表現出這一局限。在考察荀子對中國思想史的巨大貢獻時，對他不可能跳出的這一局限，應有足夠的認識。

　　本章考察荀子與諸子的關係，著眼點在於判明荀子的根本思想立場。如前所述，荀子對諸子的批評無庸置疑地表明，他的批評原則完全本於儒的價值取向，完全出於建構儒的倫理──政治秩序的需要。從下面諸章的紹述中，我們將會看到，荀子自己的思想體系，基本上建築在倫理──政治的框架之中。

---

❼⑨　《荀子・非十二子》。

第三章　荀子的性論

儒家倫理——政治哲學所關注的核心是「人」：對人性問題的探討，對人格培育的範導，構成了儒學的根本任務；從人出發來考察人與社會、人與自然的關係，構成了儒學的基本脈絡。作為一代大儒的荀子的思想體系，亦不能不鮮明地表現出這一儒學特色。人性問題是荀子的思考重心，荀子的一系列重要的哲學觀念與政治主張都與他對人性的理解與闡釋具有直接聯繫。因此，本文論析荀子的理論構架，首先從他的人性論講起。

一、人的自然天性——性惡說

談到荀子的人性論，人們都會不約而同地想到他的著名的性惡說。荀子主性惡與孟子主性善適成鮮明對照，是為儒學史上的最大一椿公案，亦為荀子屢遭後儒特別是宋明儒詬病的主要原因。因此，考察荀子的性惡說，對於釐定荀子在儒學史上的地位、作用、影響，至關重要。

《荀子·性惡》云：

凡性者，天之就也，不可學，不可事；……

今人之性，饑而欲飽，寒而欲暖，勞而欲休，此人之情性也。
……

人之性惡，其善者，偽也。

今人之性，生而有好利焉，順是，故爭奪生，而辭讓亡焉；
生而有疾惡焉，順是，故殘賊生，而忠信亡焉；生而有耳目
之欲，有好聲色焉，順是，故淫亂生，而禮義文理亡焉。然
則，從人之性，順人之情，必出於爭奪，合於犯分，亂理，
而歸於暴；故必將有師法之化，禮義之道，然後出於辭讓，
合於文理，而歸於治。用此觀之，然則，人之性惡，明矣；
其善者，偽也。

　　何以「其善者，偽也」，留待後文再論，先來看荀子對「人之
性惡」的論析。從上述引文可以見出，荀子論性惡有兩層意思：

　　其一，「性」的界定。在荀子看來，所謂「性」就是人的自然
天性（「天之就也，不可學，不可事」），就是人與生俱來的自然慾
求（「饑而欲飽，寒而欲暖，勞而欲休」），亦即所謂「生之所以然
者謂之性」❶。由於對「性」做了這樣的界定，荀子便認為「凡人
之性者，堯、舜之與桀、跖，其性一也；君子之與小人，其性一
也。」❷

　　其二，性惡的證明。荀子證明性惡，著眼於性的自然滿足所造
成的社會後果：如果任憑人的自然天性毫無限制地滿足，氾濫無歸
地攫取，那麼便造成「爭奪生，而辭讓亡」、「殘賊生，而忠信亡」、
「淫亂生，而禮義文理亡」……因此，人性惡。

---

❶　《荀子·正名》。

❷　《荀子·性惡》。

　　將性理解為人的自然天性，諸儒併無二致。與荀子在人性問題上見解正相反對的孟子，亦將人性理解為人的與生俱來的自然天性❸。但問題在於，應怎樣認識、闡釋、估價人的自然天性？正是在這一更深層面的問題上，引生了荀子與孟子乃至一切性善論者的根本分歧。如孟子雖亦將人性理解為人的自然天性，但他卻認為就在人的自然天性中存在著某種先驗的道德本根，此即所謂「善端」，即所謂「仁義禮智，非由外鑠我也，我固有之也」❹。在孟子看來，人的自然天性中道德因素較之情慾因素具有更根本的必然性，如他說：

> 口之於味也，目之於色也，耳之於聲也，鼻之於臭也，四肢之於安佚也，性也，有命焉，君子不謂性也。仁之於父子也，義之於君臣也，禮之於賓主也，知之於賢者也，聖人之於天道也，命也，有性焉，君子不謂命也。❺

　　自然的也就是道德的，或者自然的主要是道德的，於是，孟子對人之所以善或不善，作出了和荀子正相反對的論析：「乃若其情，

---

❸　《孟子・告子上》載：「告子曰：『生之謂性』。孟子曰：『生之謂性也，猶白之謂白與?』曰：『然。』『白羽之白也，猶白雪之白；白雪之白猶白玉之白與?』曰：『然。』『然則犬之性猶牛之性，牛之性猶人之性與?』」
　　這段問答中孟子那邏輯上十分不通的問句看似否定「生之謂性」，但實際上不過意謂人性具有不同於「犬之性」、「牛之性」的獨特本質，而不是否定「生之謂性」。

❹　《孟子・告子上》。

❺　《孟子・盡心下》。

則可以為善矣，乃所謂善也。若夫為不善，非才之罪也。」❻

　　那麼，荀子怎樣認識、闡釋、估價人的自然天性？這個問題在荀子那裡看似解決，但實際上並未給出明確的答案。前文嘗言，荀子證明性惡，著眼於性的自然滿足所造成的社會後果——順著人性自然發展便會造成社會的紛爭混亂與道德敗壞，只此便足以證明人性是惡的。這種證明在邏輯上顯然有欠推敲，由社會後果的惡並不能必然地推知自然天性的惡。細究起來，荀子論及人的自然天性，只是列舉出人的一些自然情慾，諸如「饑而欲飽，寒而欲暖，勞而欲休」等等，至於這些自然情慾何以是惡的，荀子並未就其本身作出分析。馮友蘭先生比較孟荀人性論時說：「孟子所謂性善，乃謂人性中本有善端，人即此善端，『擴而充之』，即為堯舜。荀子謂人之性惡，乃謂人性中本無善端。非但無善端，且有惡端。」❼

　　說荀子認為人性中有「惡端」，是以意揣之，實則荀子並未就人的先驗本性自身立論來證明人性之惡。以他所謂「從人之性，順人之情，必出於爭奪，合於犯分，亂理，而歸於暴」為例，「爭奪」、「犯分亂理」、「暴」固然是「惡」，但它們是出自「從人之性，順人之情」，由是顯然不能把它們等同於「人之性」、「人之情」。「人之性」、「人之情」何以是惡的，荀子其實未加論析，相反，他所謂「中理，則慾雖多，奚傷於治」❽、「人莫貴乎生，莫樂乎安。所以養生樂安者，莫大乎禮義」❾等，卻給人這樣的印象：人的自然天性（「慾」、「生」、「安」）只要合乎文理，順乎禮義，便無惡可言。

---

❻　《孟子・告子上》。

❼　馮友蘭：《中國哲學史》上冊，中華書局，1961年版，第358頁。

❽　《荀子・正名》。

❾　《荀子・彊國》。

明儒王守仁論及荀子性惡說時嘗云：

> 荀子性惡之說，是從流弊上說來，也未可盡說他不是，只是
> 見得未精耳。❿
> 問：孟子從源頭上說性，要人用功在源頭上明徹。荀子從流
> 弊說性，功夫只在末流救正，便費力了。
> 先生曰：然。⓫

　　王守仁作為心學大師，自然要站在孟子一邊說話，但他在這裡
卻對荀子表現出難得的寬容與理解。除卻褒貶色彩，這段引文對孟
荀論人性之著眼點的區別，確乎相當客觀。「孟子從源頭上說性」，
故有「善端」之說；「荀子從流弊說性」，故專注於本文所謂人性之
自然滿足所造成的社會後果，而未就人性自身展開論析。那麼，特
重理論之嚴謹的荀子何以未「從源頭上說性」，而只著眼於「流弊」
來考察、判斷人性呢？我以為，這其實是表現了荀子思想的現實品
格。

　　荀子之前，人性問題早已是一個引起熱烈討論的題目，如《孟
子・告子上》幾乎全篇討論人性問題，孟子與告子就此展開的著名
辯論，至今仍不失理論意義。考察一下他們的辯論，對於理解荀子
性惡說的現實品格將不無裨益。

　　據《孟子・告子上》載，告子論性，持如下幾種看法：

　　A.「生之謂性。」

　　B.「食色，性也。」

---

❿　《傳習錄》下。

⓫　同上。

C.「性無善無不善也。」

此外還流傳著兩種看法：

D.「性可以為善，可以為不善。」⑫

E.「有性善，有性不善。」

A、B兩種看法實際上並未涉及到人性善惡的道德判斷，因此孟子對它們未置肯否（按孟子「口之於味也，有同耆焉……」⑬、「生亦我所欲也……」⑭等說法，其實是在肯認「生之謂性」、「食色，性也」， 不過由於突出人的道德天性的需要，遂又有「性也，有命焉，君子不謂性也」之說）。 對C、D、E三種看法，孟子則明確地給予否定，而力主「性善」說。察C、D、E三種看法，C種看法影響最大且較易為人接受⑮，故孟子亦辟之最力——

告子曰：「性猶湍水也，決諸東方則東流，決諸西方則西流。人性之無分於善不善也，猶水之無分於東西也。」

孟子曰：「水信無分於東西，無分於上下乎？人性之善也，猶水之就下也。人無有不善，水無有不下。今夫水，搏而躍之，可使過顙；激而行之，可使在山。是豈水之性哉？其勢則然

---

⑫ 王充《論衡‧本性》載：「周人世碩以為人性有善有惡，舉人之善性，養而致之，則善長；惡性，養而致之，則惡長。……」是頗類於「性可以為善，可以為不善」。

⑬ 《孟子‧告子上》。

⑭ 同上。

⑮ 告子「性無善無不善」頗類佛家「無明生行」， 在中國人性論史上，它是「性善」與「性惡」二說之外最有理論深度的一說，今人呂思勉仍以為告子此說，「最為合理」。（見所著：《先秦學術概論》， 中國大百科全書出版社，1985年版，第79頁）

也。人之可使為不善，其性亦猶是也。」**⑯**

　　如前所述，孟子力主「性善」說，強調人具有先驗的善良的道德根性，目的端在高揚主體性的道德本體，為道德踐履樹立一個尊嚴偉大的主體依據。在孟子看來，如果否定這個道德根性的存在，否定「性善」說，人的道德行為便失去了其可行性的根本依據，這無異於否定了道德行為之於人生的必然性——如果道德行為不是出自人的本性，相反還要違背人的本性，那麼它對於人生豈不僅僅具有戕害性的負面價值！這當然是一種危險的結論、認識，因此又有下面的辯論：

　　　　告子曰：「性猶杞柳也，義猶桮棬也；以人性為仁義，猶以杞柳
　　　　為桮棬。」
　　　　孟子曰：「子能順杞柳之性而以為桮棬乎？將戕賊杞柳而後以
　　　　為桮棬也？如將戕賊杞柳而以為桮棬，則亦將戕賊人以為仁
　　　　義與？率天下之人而禍仁義者，必子之言夫！」**⑰**

　　這一辯論，已透出了後來荀子性惡說的消息。告子所云，已在相當大的程度上散發著荀子的氣味。「以人性為仁義，猶以杞柳為桮棬」，把人的本性納於仁義，正好比用杞柳樹來製成杯盤**⑱**，這種說法當然可能具有道德追求要違拗人的本性的含義，因此孟子才憤怒地追問：您是順著杞柳樹的本性來製成杯盤，還是毀傷杞柳樹的

---

⑯　　《孟子・告子上》。

⑰　　同上。

⑱　　從楊伯峻譯文。見所著《孟子譯注》，中華書局，1960年版。

本性來製成杯盤？如果要毀傷柜柳樹的本性然後製成杯盤，那也要毀傷人的本性然後納之於仁義嗎？率領天下的人來損害仁義的，一定是您的這種學說罷❶！僅僅因為告子之說從邏輯上可能導致道德追求要違拗人的本性的結論，孟子便對他發出了嚴厲的斥責。孟子當然不會想到，後來的荀子，更乾脆地認為，人要想有道德就必須違背、改造、克服自己的本性，因為人的本性是惡的，是不道德的。這裡的問題在於，荀子何以不去選擇前述C、D、E幾種看起來比較穩妥的有關人性的道德判斷（由它們也可以這樣那樣地導出「其善者，偽也」的看法），而一反成說，似乎有些極端地提出「性惡」說呢？這便涉及到我所謂荀子思想的現實品格。前文嘗提及王守仁認為荀子是從「流弊」說性，孟子是從「源頭上」說性。用現代哲學語言表述，所謂從「源頭上」說性，便是理想地、先驗地考察人性，所謂從「流弊」說性，便是現實地、經驗地考察人性。面對人性的墮落，人生的苦難，荀子不是像孟子那樣樹立起一種理想的人性原型，著力闡釋它的先驗性、普遍性，以求人們「良心發現」，光復那個理想的人性原型，而是直接切入社會現實，由社會現實的紛爭、災難、禍亂所表現出來的人性墮落推斷出人性之惡。這樣便否定了任何先驗地、理想地理解、闡釋人性的可能性。人性是惡的，這是由活生生的社會現實所證明了的；因此，要想使人向善，就必須現實地改變人性，規範人們的社會行為；任何追求先驗的道德根性的努力都是徒勞無益的，任何性善或性有善有不善的看法、爭論都是空泛的、荒謬的；率直地承認人性惡，從而採取切實的辦法來扼止它，是唯一明智、有效的選擇。這便是荀子否棄一切先驗人性道德判斷而主張性惡說的基本思路。由是可以見出，荀子正是由於抱持

---

❶　從楊伯峻譯文。見所著《孟子譯注》，中華書局，1960年版。

著儒的道德價值觀，才提出了性惡說。他強調人性惡恰巧是為了現實地改變人性的墮落，使人向善。因此，他的性惡說與孟子的性善說看似水火不容，其實殊途同歸。戴東原謂荀子性惡說「與性善之說，不惟不相悖，而且若相發明」❷，是很有見地的看法。

有人曾將荀子的性惡說與英國近代啟蒙思想家霍布士的人性論相比照，認為霍布士「人對人是虎狼」的著名論說亦主性惡，故與荀子相類❹。這一比照忽視了荀子與霍布士的一個重要區別。霍布士雖認為「人對人是虎狼」，並斷言人性就是人的自然情慾，從而與荀子對人性的社會現實的考察相類，但他卻決未由此得出結論，認為人性——人的自然情慾是惡的。相反，他堅決主張人應自由地發展自己的自然本性，明確指出能夠滿足人的自然情慾的對象便是善，反之便是惡。這種思想顯然與荀子性惡說正相反對。同樣將人性理解為人的自然情慾，同樣看到正是這種自然情慾的追求導致了社會災難，但荀子與霍布士卻對之作出了相反的道德判斷，這便是一位古代大儒與一位近代啟蒙思想家的區別所在。

二、人的社會塑造——「偽」與「學」

人的自然天性是惡的，這是荀子人性論的本體論。那麼怎樣克服人性之惡，使人向善呢？這便引出了荀子人性論的工夫論，撮其要可以二字說之，是曰「偽」與「學」。

「人之性惡，其善者，偽也。」這是荀子對人類由惡轉善，亦

---

❷　《孟子字義疏證》。

❹　見侯外廬等主編：《中國思想通史》，人民出版社，1957年版，第573～574頁。

即道德行為之可能的著名解釋。那麼甚麼是「偽」? 楊倞注曰:「偽, 為也, 矯也, 矯其本性也。凡非天性而人作為之者, 皆謂之偽。」另 王充《論衡・率性》云:「偽者, 長大之後, 勉使為善也。」按二說 合而觀之, 始得荀子意旨, 而以王說更為切要。「偽」在荀子那裡, 不僅與現在一般所理解的「虛偽」、「偽裝」不同❷, 而指與自然天 性相對的社會人為, 更深一層推究, 這裡的社會人為又主要指體現 了儒家道德理想(「善」)的人文規範、價值導向。荀子對舉「性」 與「偽」云:

> 不可學, 不可事之在人者, 謂之性; 可學而能, 可事而成之
> 在人者, 謂之偽。是性偽之分也。❸
> 性者, 本始材朴也; 偽者, 文理隆盛也。無性, 則偽之無所
> 加; 無偽, 則性不能自美; 性偽合, 然後聖人之名一, 天下
> 之功於是就也。故曰: 天地合, 而萬物生; 陰陽接, 而變化
> 起; 性偽合, 而天下治。❹

　　所謂「可學而能, 可事而成之在人者」, 應指人的道德修養、 道德實踐, 如果不這樣理解「偽」, 那麼「無偽, 則性不能自美」、 「性偽合, 然後聖人之名一」、「性偽合, 而天下治」云云, 便無法 解釋。因此, 「偽」在荀子這裡, 主要是一個道德概念, 主要指一 種社會的道德規範、倫理秩序的運作❺。但更重要的問題在於, 依

---

❷　荀子亦曾在這些意思上使用「偽」字, 如〈正論〉之「不能以偽飾性」 等。

❸　《荀子・性惡》。

❹　《荀子・禮論》。

荀子性惡說，人的自然天性是惡的，那麼這種惡的自然天性怎樣才能接受道德規範、倫理秩序的社會約制呢？所謂「性僞合」如何可能、如何實現呢？這便引出了荀學道德工夫論的另一個重要概念：「學」。荀子如孔子一樣，非常重視「學」(《論語》首篇為〈學而〉，《荀子》首篇為〈勸學〉)，在荀子看來，「學」是達到「僞」，從而區別君子小人的不二法門——

> 君子曰：學不可以已。……木直中繩，輮以為輪，其曲中規，雖有槁暴，不復挺者，輮使之然也。故，木受繩，則直；金就礪，則利；君子博學，而日參省乎己，則知明而行無過矣。㉖
> 縱性情，而不足問學，則為小人矣。㉗

荀子所謂「可學而能，可事而成之在人者，謂之僞」，已明確地以「學」釋「僞」（「事」不過是「學」的實踐），將「僞」看成「學」的結果。由此，荀子特別注意區別「君子之學」與「小人之學」——

> 君子之學也，入乎耳，箸乎心，布乎四體，形乎動靜。端而言，蝡而動，一可以為法則。小人之學也，入乎耳，出乎口。

㉕　之所以說「主要」，是因為荀子亦曾在非道德的含義上使用「僞」字，如「陶人埏埴而為器，然則器生於陶人之僞，……工人斲木而成器，然則器生於工人之僞，……」(《荀子・性惡》)。

㉖　《荀子・勸學》。

㉗　《荀子・儒效》。

口耳之間，則四寸耳，曷足以美七尺之軀哉？……君子之學
也，以美其身；小人之學也，以為禽犢。㉘

　　參之「無偽則性不能自美」， 能夠達致「偽」的，自然只能是
「君子之學」。 那麼「君子之學」都學些什麼呢？ 對此，荀子有非
常明確具體的規定——

　　學，惡乎始？ 惡乎終？ 曰：其數，則始乎誦《經》， 終乎讀
　　《禮》；其義，則始乎為士，終乎為聖人。
　　……《書》者，政事之紀也；《詩》者，中聲之所止也；《禮》
　　者，法之大分，類之綱紀也。故學至乎《禮》而止矣。夫是
　　之謂道德之極。
　　《禮》之敬文也，《樂》之中和也，《詩》、《書》之博也，《春
　　秋》之微也，在天地之間者畢矣。㉙
　　不聞，不若聞之；聞之，不若見之；見之，不若知之。知之，
　　不若行。學至於行之，而止矣。行之，明也。明之，為聖人。
　　聖人也者，本仁義，當是非，齊言行，不失豪釐，無它道焉，
　　已乎行之矣。㉚

　　從「學」的順序、意義、目的、科目，一直到學風，荀子都作
了具體明確的闡釋規定。從這些闡釋規定中可以見出，荀子所謂
「學」，完全圍繞著儒的道德修養與道德踐履，以臻於「道德之極」

㉘　《荀子·勸學》。

㉙　同上。

㉚　《荀子·儒效》。

為最高目的。下面的話更典型地表現出荀子之「學」純為儒的道德之學——

> 凡以知人之性也，可以知物之理也；以可以知人之性，求可以知物之理，而無所疑止之，則沒世窮年，不能徧也；其所以貫理焉，雖億萬，已不足以浹萬物之變，與愚者若一。學，老身，長子，而與愚者若一，猶不知錯，夫是之謂妄人。❸❶

這段話簡直已有了點兒陸王的影子。荀子反對「學」之窮研物理，而主張集中於成聖成賢，併進而成就一個符合儒家倫理——政治理想的社會。此即「內聖外王」。荀子所倡之「學」，仍是標準的「內聖外王」之學。——

> 學也者，固學止之也。惡乎止之？曰：止諸至足。曷謂至足？曰：聖也。聖也者，盡倫者也；王也者，盡制者也；兩盡者，足以為天下極矣。故，學者以聖王為師，……❸❷

這段話可以看作儒家「內聖外王」之學的定義式的表述。由是可以提綱挈領地把握荀子所倡之「學」的基本性質、宗旨大要。

李師澤厚云：「荀子把『學』與『偽』連結了起來，使『勸學』與『性偽』有了內在的聯繫」❸❸，並認為在荀子這裡，「學」與「為」（「偽」）對於人有關係存在的根本意義，達到了本體高度❸❹。此論

---

❸❶　《荀子·解蔽》。

❸❷　同上。

❸❸　《中國古代思想史論·荀易庸記要》，人民出版社，1985年版，第113頁。

堪為慧眼巨識。由以上紹述可以見出，「學」的過程就是「偽」的過程，「學」的內容就是「偽」的內容。由「學」而至「偽」，便改造了人性之惡，成就了道德君子、理想社會，併進而「天見其明，地見其光」❸，昇華到宇宙存在的本體高度。這種由工夫到本體的道德踐履，又是典型的儒學「修身」歷程。《荀子》一書，首篇〈勸學〉，次篇即〈修身〉，宣講「見善，修然必以自存也；見不善，愀然必以自省也；善在身，介然必以自好也；不善在身，菑然必以自惡也」，三篇則為大談「君子」的〈不苟〉，實際上也是講「修身」，總之，「一是以修身為本」。荀子所謂「學」，所謂「偽」，就基本宗旨來說，就是要人修養自身，改惡從善，因此與孔孟一脈相承。

如果說由「學」而「偽」， 是人性由惡而善的法門途徑，是一個由工夫到本體的道德修鍊歷程、社會塑造歷程，那麼由此而產生的問題是：人性本惡，它是如何可能從事「學」、接受「偽」的呢？道德修鍊歷程或說社會塑造歷程的內在依據是什麼呢？荀子曾云：「性也者，吾所不能為也，然而可化也；情也者，非吾所有也，然而可為也。注錯習俗，所以化性也，并一而不二，所以成積也。習俗移志，安久移質。并一而不二，則通於神明，參於天地矣。」❸

積習化性而起偽（「為」），其說不錯。那麼它的根本保證：「并一而不二」，是如何實現的呢？這顯然仍是一個主體方面的問題。由此而引出了荀子對「心」的迥異於孟子的闡釋，引出了荀子的道德知性論。

---

❸ 《中國古代思想史論・荀易庸記要》，人民出版社，1985年版，第114頁。

❸ 《荀子・勸學》。

❸ 《荀子・儒效》。

三、人的道德知性──「心」與「誠」

《荀子・解蔽》云：

> 心者，形之君也，而神明之主也；出令，而無所受令；自禁
> 也，自使也；自奪也，自取也；自行也，自止也。故，口可
> 劫而使墨云，形可劫而使詘申，心不可劫而使易意。是之則
> 受，非之則辭；故曰心容。其擇也，無禁，必自見；其物也，
> 雜博；其情之至也，不貳。

　　這是荀子對「心」的著名設定與描述。這個「心」顯然是指獨
立自決的精神主體。從道德評估的角度看，這個「心」具有中性特
徵，它是認知之本、意志之源，但卻決非孟子所高揚的道德「心」 ❸⑦。
因此荀子又有下面的話──

> 人心譬如槃水，正錯而勿動，則湛濁在下，而清明在上，則
> 足以見鬚眉，而察膚理矣；微風過之，湛濁動乎下，清明亂
> 乎上，則不可以得本形之正也。心亦是矣。故導之以理，養
> 之以清，物莫之傾，則足以定是非，決嫌疑矣；小物引之，
> 則其正外易，其心內傾，則不足以決庶理矣。 ❸❽

---

❸⑦　韋政通先生嘗謂荀子所論主體為知性主體，而非德性主體；所論「心」
　　為認知心，非德性心（見所著：《荀子與古代哲學》，第72～73頁）。此
　　說至當。

❸❽　《荀子・解蔽》。

「心」有清濁之分，這清濁顯然非指道德義的善惡，而指認知
的明暗正誤，因此它是認知主體，意志主體，卻非道德主體。然而
「心」雖非道德主體，它自身雖無所謂善惡，它的認知、選擇、決
斷卻直接地導致了善惡。荀子說：

> 生之所以然者，謂之性。性之合所生精合感應，不事而自然，
> 謂之性。性之好惡、喜怒、哀樂，謂之情。情然，而心為之
> 擇，謂之慮。心慮，而能為之動，謂之偽。❸❾

　　人的性情表現要經過「心」的考量、抉擇，從而也就要由「心」
來負責——

> 欲不待可得，而求者從所可。欲不待可得，所受乎天也。求
> 者從所可，受乎心也。天性有欲，心為之制節。……人之所
> 欲生，甚矣；人之所惡死，甚矣；然而，人有從生成死者，
> 非不欲生而欲死也，不可以生而可以死也。故，欲過之，而
> 動不及，心止之也。心之所可，中理，則欲雖多，奚傷於治？
> 欲不及，而動過之，心使之也。心之所可，失理，則欲雖寡，
> 奚止於亂？故，治亂在於心之所可，……❹⁰

　　「心」雖無所謂善惡，但正是它的知性功能選擇、決定了人的
善惡直至國家的治亂，因此，荀子特別注意「知」的道德內涵——

---

❸❾　《荀子・正名》。

❹⁰　同上。

有聖人之知者，有士君子之知者，有小人之知者，有役夫之
知者。

多言，則文而類，終日議其所以，言之千舉萬變，其統類一
也，是聖人之知也。

少言，則徑而省，論而法，若佚之以繩。是士君子之知也。

其言也諮，其行也悖，其舉事多悔。是小人之知也。

齊給便敏而無類，雜能旁魄而無用，析速粹孰而不急，不恤
是非，不論曲直，以期勝人為意。是役夫之知也。❹

血氣之精也，志意之榮也，百姓待之而後寧也，天下待之而
後平也。明達純粹而無疵。夫是之謂君子之知。❷

　　這裡所謂「知」，顯然併非一般認識論意義上的認知，而是指
一種道德智慧。它標示著道德修歷的程度、道德體認的深淺與道德
境界的高低。斯可謂儒所特有的道德知性。在荀子這裡，它是「心」
的功能。於是，修養、範導「心」之知性功能，令其專一地歸於道
德的體認、求索、選擇，便成了荀子十分注意的課題。《荀子・解
蔽》對此作了深入細緻的闡釋──

　　聖人知心術之患，見蔽塞之禍，故無欲、無惡、無始、無終、
無近、無遠、無博、無淺、無古、無今，兼陳萬物，而中縣
衡焉。是故，眾異不得相蔽，以亂其倫也。

　　何謂衡？曰道。故心不可以不知道。心不知道，則不可道，

---

❹　《荀子・性惡》。

❷　《荀子・賦》。

而可非道。人孰欲得恣，而守其所不可，以禁其所可？以其不可道之心取人，則必合於不道人，而不知合於道人。以其不可道之心，與不道人論道人，亂之本也。

夫何以知？曰心知道，然後可道；可道，然後能守道，以禁非道。以其可道之心取人，則合於道人，而不合於不道之人矣。以其可道之心，與道人論非道，治之要也。何患不知？故，治之要，在於知道。

人何以知道？曰：心。心何以知？曰：虛、壹而靜。

心未嘗不臧也。然而有所謂虛；心未嘗不滿也，然而有所謂壹；心未嘗不動也，然而有所謂靜。

人生而有知，知而有志；志也者，臧也；然而有所謂虛。不以所已臧害所將受，謂之虛。心生而有知，知而有異；異也者，同時兼知之；同時兼知之，兩也；然而有所謂一；不以夫一害此，一謂之壹。心，臥，則夢；偷，則自行；使之，則謀；故，心未嘗不動也；然而有所謂靜。不以夢劇亂知，謂之靜。──未得道而求道者，謂之虛、壹而靜。作之，則將須道者之虛，虛，則入；將事道者之壹，則盡；盡將思道者，靜，則察。知道，察；知道，行；體道者也。虛、壹而靜，謂之大清明。❹

　　這是一篇相當精彩的古代心理學論文。它的旨歸是要人「知道」，亦即認取儒所高懸的最根本的倫理──政治法則。而「知道」的心理條件、主體保證便是「心」的「虛壹而靜」。「虛壹而靜」原為宋尹學派使用的術語。在宋尹學派那裡，它意指一種無知無欲、

空靈虛曠從而道體朗現的心靈境界，具有濃郁的道家色彩。按「虛」、「靜」本為道家習用術語，老子所謂「致虛極，守靜篤」是也。荀子借用這些術語，卻完全剔除了它們的道家本體論的意味，而將它們闡釋為克服成見雜念，孕化清明理性，達到專心致志的認知狀態、認知能力、認知水平❹。可以比照一下莊子論虛靜——

> 聖人之靜也，非曰靜也善，故靜也；萬物無足以鐃心者，故靜也。水靜則明燭鬚眉，平中準，大匠取法焉。水靜猶明，而況精神！聖人之心靜乎！天地之鑒也，萬物之鏡也。夫虛靜恬淡寂漠無為者，天地之平，而道德之至，故帝王聖人休焉。休則虛，虛則實，實者倫矣。虛則靜，靜則動，動則得矣。靜則無為，無為也則任事者責矣。無為則俞俞，俞俞者憂患不能處，年壽長矣。夫虛靜恬淡寂漠無為者，萬物之本也。❹

　　莊子論虛靜，完全是從道家的自然本體論出發，將虛靜闡釋為萬化之本體狀態，使其帶有某種最高目的的意味。荀子論虛靜，則純從認知功能的培育出發，虛靜本身不是目的，它們指向一個目的——「道」，之所以要虛靜，完全是因為要「知道」。因此，莊荀雖都以水喻心（莊子有「明燭鬚眉」，荀子亦有「足以見鬚眉」，見前

----

❹　因此本文不同意周群振先生謂荀子所論「虛壹而靜」之「心」為「如如虛懸的空架子」的看法（見所著《荀子思想研究》，臺灣文津出版社，1987年版）。「心」之「虛壹而靜」，正體現了一種十分重要的知性功能，而非「空架子」。

❹　《莊子・天道》。

引），但在莊子那裡，虛靜之心自身便是目的；在荀子這裡，虛靜之心則只具有工具意義，它不過是為了使人以客觀清醒的理性（「大清明」）去認知、實踐「道」——儒的倫理——政治法則而提出的心理要求㊻。因此，為了保證這種認知與實踐的客觀精確、富有成效，荀子在「虛壹而靜」中特別強調「壹」，他類喻說：

> 好書者眾矣，而倉頡獨傳者，壹也；好稼者眾矣，而后稷獨傳者，壹也；好樂者眾矣，而夔獨傳者，壹也；好義者眾矣，而舜獨傳者，壹也。倕作弓，浮游作矢，而羿精於射；奚仲作車，乘杜作乘馬，而造父精於御。自古及今，未嘗有兩而能精者也。㊼

是可表明，「虛壹而靜」在荀子這裡決無道家的形上玄奧意味，它不過是一種今天看來相當樸素的專心致志的認知心境與實踐能力。

馮友蘭先生嘗謂：

> ……在荀子之心理學中，只有能慮能知之心，及有求而須滿足之情欲。心節情欲，立「權」「衡」以於「利之中取大；害之中取小」焉。荀子學說在此方面，蓋與墨家之功利主義，完全相同矣。㊽

㊻ 這樣說，是突出荀子「認知心」的主要對象、最高目的。實則認知者自不限於道德對象與目的，如「虛壹而靜，謂之大清明。萬物莫形而不見，其見而不論，莫論而失位」云云。

㊼ 《荀子・解蔽》。

　　關於荀子之功利主義，容後再論。這裡只擬指出，依馮說，荀子所論人之心理，一為惡的性（「情欲」），一為無所謂善惡的「心」。那麼人之善，亦即「偽」的歷程是如何實現的呢？它的內在的心理依據是什麼呢？「心節情欲」只能是消極地防惡，培育善的人格，完成「偽」的歷程，顯然還須遠為積極的運作。無善無惡的「知性心」如何承擔起這個運作呢？不言而喻，「虛壹而靜」只是保證了「心」「知道」的可能性，它還不能保證「心」必然去「知道」。更進一層說，由「心知道」到「身行道」還有一個十分重要的轉化歷程，它同樣需要從主觀心理的角度作出合理的解釋。荀子由此提出了「養心」之說，而「養心」最重要的便是樹立一個「誠」——

　　　　君子養心，莫善於誠。致誠，則無它事矣，唯仁之為守，唯
　　　　義之為行。
　　　　誠心守仁，則形，形則神，神則能化矣。誠心行義，則理，
　　　　理則明，明則能變矣。變化代興，謂之天德。
　　　　天不言，而人推高焉，地不言，而人推厚焉；四時不言，而
　　　　百姓期焉；夫此有常以至其誠者也。
　　　　君子至德，嘿焉而喻，未施而親，不怒而威；夫此順命以慎
　　　　其獨者也。
　　　　善之為道者，不誠，則不獨；不獨，則不形；不形，則雖作
　　　　於心，見於色，出於言，民猶未從也；雖從，必疑。
　　　　天地為大矣，不誠，則不能化萬物；聖人為知矣，不誠，則
　　　　不能化萬民；父子為親矣，不誠，則疏；君上為尊矣，不誠，

────────────

❹　馮友蘭：《中國哲學史》上冊，中華書局，1961年版，第362頁。

則卑。

夫誠者，君子之所守也，而政事之本也；唯所居，以其類至；操之，則得之；舍之，則失之。操而得之，則輕；輕，則獨行；獨行而不舍，則濟矣；濟而材盡，長遷而不反其初，則化矣。㊾

「誠」為儒學基本範疇之一，猶為孟子、《中庸》至宋明理學之儒家「內聖」一線所極力推奉，然「外王」一線之代表荀子竟也如此重視「誠」。儘管與「內聖」一線的「反身而誠」㊿、「自誠明謂性」(51)等大為不同，荀子論「誠」明顯地著眼於外在事功，但「君子養心，莫善於誠」足以表明，荀子亦在主體精神、道德人格的培育上主張「誠」，因此與「內聖」一線相通。荀子要求「養心」、要求「誠心守仁」、「誠心行義」，儘管還不意味著他的「認知心」已變成孟子式的「道德心」，卻也將「心」的認知功能與「誠」的道德要求直接聯在一起，因此他所謂「養心」、「誠心」便可視為培育本文所謂的道德知性——認識、把握道德觀念、法則、秩序的客觀知性態度與能力。荀子所謂「以仁心說，以學心聽，以公心辨」(52)的「仁心」、「學心」、「公心」，蓋亦此意。

但也正因為是道德知性，而非道德情感，便表現出荀子與一切性善論者的重要區別。所謂道德知性，係由後天學習所致，是即「君子博學，而日參省乎己，則知明而行無過」(53)；所謂道德情感，則

㊾ 《荀子・不苟》。

㊿ 《孟子・盡心上》。

(51) 《中庸》第二十一章。

(52) 《荀子・正名》。

是「我固有之」的先天根性，亦即孟子所謂「四端」。　荀子高倡道德知性，目的端在要人通過後天的「學」與「偽」達到「知明而行無過」，　化成善的品性，從而徹底克服人類與生俱來的本性之惡，此即「長遷而不反其初」。　孟子伸揚道德情感，目的則在使人「良心發現」，　從而「求放心」以光復人類與生俱來的善良根性，這實際上是「返其初」。馮友蘭先生云：「主性善者教人復其初，主性惡者教人『長遷而不反其初』，此孟荀之不同也。」❺❹是誠為不易之論。

　　荀子之人性論，就其主性惡來看，頗類於基督教的「原罪說」；就其倡言「學」與「偽」，　主張通過知性培育建構道德人格來看，又頗類蘇格拉底的「知識即美德」。　但荀子思想當然既沒有獲得基督教那樣的地位，也沒有獲得蘇格拉底那樣的聲譽。秦漢以降之思想家論及人性問題，雖亦有依違於孟荀之間者（如董仲舒、王充、荀悅、韓愈等所闡釋之「性三品」），但孟說還是逐漸佔了優勢。至宋明理學，更以性善論為本建構起新的儒學體系。在這個體系中，荀說已不能和孟說同日而語了。

　　荀子人性論之所以遭到宋明理學家的冷遇，根本原因在於他的性惡說與宋明理學的宇宙倫理學構想正相抵觸。在宋明理學（特別是伊朱一系）看來，人性之所以是善的，是因為它所從出的「天」──宇宙是善的。人的善來自宇宙的善，人的本性與宇宙的本性正是由善來一以貫之。此即儒學特別是新儒學所特有的宇宙倫理學，亦即道德義的天人合一。如果承認性惡說，便顯然撕裂了這個天人合一的道德世界的建構，也便摧毀了宇宙倫理學，故理學家們不能不竭力地揚孟抑荀。由此而產生的問題是，荀子既認為人的自然天

---

❺❸　《荀子・勸學》。

❺❹　馮友蘭：《中國哲學史》上冊，中華書局，1961年版，第364頁。

性是惡的，那麼他怎樣理解人所從出的自然宇宙？怎樣理解「天」？怎樣理解天人關係？結構主義哲學家列・斯蒂文森曾指出完整的、「賦予我們解決人類問題的希望」的人性理論應具四重結構：「(1)關於宇宙本性的背景理論；(2)關於人的本性的基本理論；(3)關於人的病症的診斷；(4)關於治癒病症的藥方。」❺

　　上面所提出的問題顯然都關涉到第一重結構：「關於宇宙本性的背景理論」。　用中國傳統哲學的術語講，這第一重結構也就是關於「天」的學說，也就是「天論」。　荀子人性論主性惡，他的天論也表現出與此相應的獨到特色。

---

❺　列・斯蒂文森：《人和人的世界》，工人出版社，1988年版，第5頁。

第四章　荀子的天論

「天」作為中國古代思想史的一個基本範疇或說基本觀念，具有宗教的、道德的、哲學的多重含義❶。早在前諸子時代，《詩經》、《尚書》、《國語》、《左傳》等文獻中便已出現了對「天」的不同理解。諸子百家對「天」的不同論說，更表現了不同思想體系的根本歧異。馮友蘭先生嘗謂：「在中國文字中，所謂天有五義：曰物質之天，即與地相對之天。曰主宰之天，即所謂皇天上帝，有人格的天、帝。曰運命之天，乃指人生中吾人所無奈何者，如孟子所謂『若夫成功則天也』之天是也。曰自然之天，乃指自然之運行，如荀子〈天論〉篇所說之天是也。曰義理之天，乃謂宇宙之最高原理，如《中庸》所說『天命之為性』之天是也。『詩書左傳國語』中所謂之天，除指物質之天外，似皆指主宰之天。《論語》中孔子所說之天，亦皆主宰之天也。」❷

馮友蘭先生對「天」之五義的概括，全面確當。更值得注意的是，這段話透露出儒家對「天」的態度、理解與闡釋的多樣性。荀

---

❶　今人張岱年將「天」歸入「自然哲學概念範疇」，應說是一種落於簡單化的歸類。（見所著《中國古典哲學概念範疇要論》，中國社會科學出版社，1989年版）

❷　馮友蘭：《中國哲學史》上冊，中華書局，1961年版，第55頁。

子論「天」，如其論「性」，迥異於孔孟而在原儒中獨樹一幟，這首先鮮明地表現於他所提出的著名命題——天人之分。

一、天人之分

譚嗣同嘗謂：「荀子究天人之際，多發前人所未發」❸，這句話道出了荀子是在對天人關係的探討中提出了自己的「天論」。統觀荀子「天論」，更可進一層地說，他的「天論」實則是從「人論」出發。正是為了明確「人」對「天」所應採取的態度，荀子才討論到「天」的問題，天人之分，由是提出：

> 天行有常，不為堯存，不為桀亡。應之以治，則吉；應之以亂，則凶。彊本而節用，則天不能貧；養備而動時，則天不能病；脩道而不貳，則天不能禍。故水旱不能使之飢渴，寒暑不能使之疾，袄怪不能使之凶。本荒而用侈，則天不能使之富；養略而動罕，則天不能使之全；倍道而妄行，則天不能使之吉。故水旱未至而飢，寒暑未薄而疾，袄怪未至而凶。受時與治世同，而殃禍與治世異，不可以怨天，其道然也。故明於天人之分，則可謂至人矣。❹

這是《荀子・天論》之開篇。在這個開篇中，只有首句是在談天道，其餘均為論人事。「明於天人之分」，要不過指出人類的吉凶

---

❸　〈致唐佛塵〉、《中國哲學》第四輯，第424頁。

❹　《荀子・天論》。按楊柳橋《荀子詁譯》依《說苑・談叢》改「天行有常」為「天道有常」，說亦有據。

禍福全在自為，不可歸究於天。這其實是荀子「天論」的核心論旨。它在今天看來自然十分樸素，但它在先秦的提出卻需要極大的理論勇氣，它的提出意味著全面地清算、揚棄、否定了傳統的天論乃至天人關係論。

荀子論證「天人之分」，具有兩個邏輯環節。

其一，建構徹底的物質主義的自然天道觀。

「天行有常，不為堯存，不為桀亡」，已明確地道出了天道運行的獨立於人事的客觀性，下面一段話更具體地描述了「天」的客觀自然的物質屬性：

> 不為而成，不求而得，夫是之謂天職。……列星隨旋，日月遞炤，四時代御，陰陽大化，風雨博施，萬物各得其和以生，各得其養以成，不見其事，而見其功，夫是之謂神。皆知其所以成，莫知其無形，夫是之謂天功。❺

侯外廬等著《中國思想通史》嘗謂荀子之自然天道觀受道家宋尹學派影響❻，馮友蘭著《中國哲學史新編》亦謂荀子「不為而成，不求而得」云云，是「改造了老聃所說的道『無為而無不為』的思想」❼。就客觀性與自然性來說，荀子天論確乎有道家的影子，但更值得注意的是，荀子明確地將「天」的客觀性與自然性歸結為物質性，這便不僅剔除了「天」的神秘性與觀念性從而與道家根本地

---

❺　《荀子・天論》。

❻　見侯外廬等著：《中國思想通史》第一卷，第十五章，第二節。

❼　馮友蘭：《三松堂全集》第八卷，河南人民出版社，1991年版，第661頁。

區別開來，同時也有力地打擊了古代迷信。

　　荀子其時，如《史記》所云：「亡國亂君相屬，不遂大道，而營巫祝，信機祥」❽。「營巫祝，信機祥」乃是原始初民社會以來的深遠傳統，它是原始巫史文化的直接源頭。在中國，「營巫祝，信機祥」的最突出、最活躍的表現，就是後面將要談到的孔孟也不能免的「天」崇拜。以「天」崇拜為信仰基礎，用「天」的至上主宰性、道德權威性來制約、規範人間世的社會行為、政治活動、個人心理，特別是用「天象」來比附「人事」，形成了中國政治史中特有的「天譴論」❾。這種「天譴論」盛行於殷周，到漢代董仲舒登峰造極，直到北宋仍有不容忽視的勢力和影響。而中國思想史、政治史上第一個出來系統深刻地破除「天」崇拜、揭露「天譴論」之荒謬的思想家，就是荀子。如他說：

> 夫日月之有蝕，風雨之不時，怪星之黨見，是無世而不常有之。上明而政平，則是雖竝世起，無傷也；上闇而政險，則是雖無一至者，無益也。夫星之隊，木之鳴，是天地之變，陰陽之化，物之罕至者也；怪之，可也；而畏之，非也。❿

　　荀子這種態度，充分地體現了「知者不惑」的精神，它歸根結底又是標準的儒家式的實用理性——

---

❽　《史記·孟子荀卿列傳》。

❾　日人溝口雄三對此有較系統的研究，參見所著：《中國的思想》拙譯，中國社會科學出版社，1995年版。

❿　《荀子·天論》。

傳曰：「萬物之怪，書不說。」無用之辯，不急之察，棄而不治，若夫君臣之義，父子之親，夫婦之別，則日切瑳而不舍也。⑪

由此，荀子所謂「善言天者，必有徵於人」⑫，和傳統的以「天象」比附「人事」的「天譴論」亦完全不同。荀子毋寧是在懸擱「天道」而專重「人道」，他關心的是「坐而言之，起而可設，張而可施行」⑬的現實的、人間的治世之道。荀子論天，實則更近於管子所謂「天不變其常，地不易其則，春秋冬夏不更其節」⑭，他是要通過強調「天」的客觀的物質性與規律性將天道與人事明確地區分開來。此更突出地表現於下面的論說：

治亂，天邪？曰：日月、星辰、瑞厤，是禹、桀之所同也；禹以治，桀以亂；治亂，非天也。時邪？曰：繁啟、蕃長於春夏，畜積、收臧於秋冬，是又禹、桀之所同也；禹以治，桀以亂，治亂，非時也。地邪？曰：得地則生，失地則死，是又禹、桀之所同也；禹以治，桀以亂，治亂，非地也。⑮

其二，提出「制天命而用之」的光輝命題。
荀子論證「天人之分」，目的端在突出「人」，強調人的可與天

---

⑪　《荀子・天論》。
⑫　《荀子・性惡》。
⑬　同上。
⑭　《管子・形勢》。
⑮　《荀子・天論》。

地比並的偉大尊嚴，亦即「與天地參」。他說：

> 天有其時，地有其財，人有其治，夫是之謂能參。❶

> 天地者，生之始也；禮義者，治之始也；君子者，禮義之始
> 也。為之，貫之，積重之，致好之者，君子之始也。故天地
> 生君子，君子理天地。君子者，天地之參也……。❶

所謂「天地生君子，君子理天地」的「與天地參」， 明確地強
調了人的主導性與能動性。荀子進而要求「君子敬其在己者，而不
慕其在天者」❶，並從而提出了「制天命而用之」的光輝命題：

> 大天而思之，孰與物畜而制之？從天而頌之，孰與制天命而
> 用之？望時而待之，孰與應時而使之？因物而多之，孰與騁
> 能而化之？思物而物之，孰與理物而勿失之也？願於物之所
> 以生，孰與有物之所以成？故，錯人而思天，則失萬物之
> 情。❶

從確立物質主義的自然天道觀到提出「制天命而用之」的光輝
命題，荀子的「天人之分」， 充滿了理性的、積極的、昂揚的、樂
觀的精神氣概。「天人之分」對天人關係的理解，實際上就是宣示
了「人定勝天」。這在荀子其時，自是一種大無畏的、超前的思想，

---

❶　《荀子・天論》。

❶　《荀子・王制》。

❶　《荀子・天論》。

❶　同上。

如果以之與孔孟對「天」的態度、理解作一比照，便更可見出荀子的卓越處。

　　學人習知，孔孟同具濃重的「敬天」、「法天」思想，此即後來宋儒程頤所謂的「聖人本天」⑳。一個客觀的、超越的、形上的「天」是為孔孟道德哲學的最後依據。從道德哲學的邏輯建構與旨歸來看，孔孟為其道德實踐需要而接受的客觀形上的最後依據 ——「天」，主要是一種道德命令、道德律則，我們可以稱之為「道德律令」：

> 天下之無道也久矣，天將以夫子為木鐸。㉑
> 巍巍乎唯天為大，唯堯則之。㉒
> 君子有三畏：畏天命，畏大人，畏聖人之言。㉓
> 天不言，以行與事示之而已矣。㉔
> 天下有道，小德役大德，小賢役大賢；天下無道，小役大，弱役強。斯二者，天也，順天者存，逆天者亡。㉕
> 盡其心者，知其性也。知其性，則知天矣。存其心，養其性，所以事天也。天壽不貳，修身以俟之，所以立命也。㉖

　　作為道德律令的「天」，向我們發佈命令，樹立榜樣，甚至化成了我們的道德生命（「心性」）。因此，我們的責任（道德哲學的要

㉚　《河南程氏遺書》卷二十一下。
㉑　《論語・八佾》。
㉒　《論語・泰伯》。
㉓　《論語・季氏》。
㉔　《孟子・萬章上》。
㉕　《孟子・離婁上》。
㉖　《孟子・盡心上》。

求）就是敬畏它，效法它，依順它。

孔孟對「天」的態度與理解沿襲了遠古先民的「敬天法祖」觀念（「萬物本乎天，人本乎祖，此所以配上帝也」❷），他們尊奉一個「天」本體，基本追求可以說是「以德配天」（即所謂「天行健，君子以自強不息」）。「天生蒸民，有物有則。民之秉彝，好是懿德」❷，這句詩概括了「以德配天」的本體依據與現實可能，從孔孟到宋儒的內聖之學都奉其為經典誥示。這誥示中的「天」，是天命，也是天理；是自然主宰，也是道德律令（比照《易傳》——「天地之大德曰生」、「生生之謂易」——生即德，自然即道德），二者融通為一，構成了儒家內聖之學的形上層面❷。

比照前述荀子「天論」，可以見出荀子完全否棄了這個內聖之學的形上層面。「天人之分」既剔除了「天」的道德意味，又推翻了「天」的主宰地位，所謂「天」，不過就是遵循著固有規律運行的物質性宇宙、客觀的大自然。這種見解顯然十分接近於現代科學觀念，從而超越了孔孟原始粗陋的天道觀。

更值得注意的是，荀子不搞孔孟式的「天」崇拜，否棄作為內聖之學形上層面的「天」，倡導「敬其在己者，而不慕其在天者」，便將儒家價值體系的建構、道德理想的追求完全貫注於現實人生的實踐活動，由是而強調、突出了儒的「外王」一面。荀子強調、突出「外王」的意義，適如李師澤厚所云：「『外王』比『內聖』具有更為充分的現實實踐品格，也是更為基礎的方面。人類的心理、道德是在外在實踐活動基礎之上才能形成並逐漸內化、凝聚和積澱的。

---

❷　《禮記・郊特性》。

❷　《詩經・大雅・烝民》。

❷　參見拙著：《心學與美學》，中國社會科學出版社，1992年版。

所以，荀子強調的方面，實際是更為根本的一面。」❸

二、知天順天

看似矛盾，在提出「天人之分」的同時，荀子又明確地主張「知天」、「順天」。先來看荀子對「天」的具體界定：

> 不為而成，不求而得，夫是之謂天職。……皆知其所以成，莫知其無形，夫是之謂天功。……好惡、喜怒、哀樂臧焉，夫是之謂天情。耳、目、鼻、口、形，能各有接，而不相能也，夫是之謂天官。心居中虛，以治五官，夫是之謂天君。財非其類，以養其類，夫是之謂天養。順其類者謂之福，逆其類者謂之禍，夫是之謂天政。❸

「天職」、「天功」、「天情」、「天官」、「天君」、「天養」、「天政」，或為宇宙之自然規律、自然運行（如「天職」、「天功」、「天養」、「天政」等），是可稱為「外在自然」、「客體自然」；或為人類之自然稟賦、自然性情（如「天情」、「天官」、「天君」等），是可稱為「內在自然」、「主體自然」。要之，這裡的「天」，均為「自然」之義❸。

---

❸　李澤厚：《中國古代思想史論》，人民出版社，1985年版，第115頁。

❸　《荀子・天論》。

❸　牟宗三謂：「荀子之天，非宗教的，非形上的，亦非藝術的，乃『自然』的也」（《歷史哲學・戰國與孟荀》），此說至當。相較之下，羅光謂荀子亦肯認宗教的「天」，信仰「皇天上帝」（見所著《中國哲學思

　　從荀子對「天」的具體界定中，更凸顯出他對「天」的基本理解、一般詮釋──「天」就是那個歷來如此（外在客觀）、生來如此（內在主體）的自然大世界，就是那種無適無莫、無待無機、山峙川流、順性而發的自然運行、自然根性。這裡最重要的問題當然是，荀子對這個「自然」之「天」，究竟採取什麼態度。從前述「天人之分」的紹述來看，荀子堅決明確地主張「制天命而用之」，用今天的話說，就是戰勝自然，造福人類。但在這裡，荀子似乎又採取了另外一種態度：

　　　　暗其天君，亂其天官，棄其天養，逆其天政，背其天情，以
　　　　喪天功，夫是之謂大凶。
　　　　聖人清其天君，正其天官，備其天養，順其天政，養其天情，
　　　　以全其天功；如是，則知其所為，知其所不為矣；則天地官，
　　　　而萬物役矣。其行曲治，其養曲適，其生不傷，夫是之謂知
　　　　天。㉝

　　一方面主張「制天」，另方面又主張「順天」；一方面「不求知天」㉞，另方面又肯定「知天」；荀子對「天」的態度，是否有些自相矛盾呢？其實不然。深入一層分析，我們便會看到，在荀子這裡，「制天」與「順天」是統一的，「不求知天」與肯定「知天」亦不過是在不同的分析層面上表達對「天」的同一種態度。

　　主張「制天」，同時又主張「順天」，表明了荀子思想的成熟性。

　　　　想史・先秦篇》），則十分牽強。

㉝　《荀子・天論》。

㉞　同上。

這種思想的成熟性來自於一個早熟的農業社會，首先是農業生產可行性運作的實踐要求。不言而喻，農業生產要求人們具有與天奮鬥、與地奮鬥、向自然抗爭的進取精神，這也就是荀子所謂的「制天命而用之」，在這裡，「天」和「人」作為對立面而出現，「制天」思想的哲學基礎是「天人之分」。但同樣不言而喻，向自然抗爭、「制天」的農業實踐活動，每一步都離不開對自然規律的認識和遵循，用中國傳統哲學思想的術語來說，「天人之分」仍離不開「天人合一」。「制天」必須以「順天」為前提、為基礎。荀子十分清醒地認識到這一點，就在他那些主張「天人之分」的言論中，已不時地表現出對「天」的規律的認知和尊重。所謂「天行有常，不為堯存，不為桀亡。應之以治，則吉；應之以亂，則凶」 **㉟**，十分清楚地表明荀子首先肯認「天」具有不易的規律，人事的吉凶，完全在於如何適應它。類似的思想更典型地表現於下面的論說：

> 天不為人之惡寒也輟冬，地不為人之惡遼遠也輟廣，君子不為小人之匈匈也輟行。天有常道矣，地有常數矣，君子有常體矣。君子道其常，而小人計其功。 **㊱**

天地之時空特性、運行規律是一種獨立於人的客觀存在，用我習用的話來說，它不依人的意志為轉移，荀子始終十分清醒地認識到這一點。這就保證了他在闡發自己的「制天」思想時，沒有淪於主觀主義、唯意志論，沒有淪於盲目的自大、樂觀與狂妄的「人類中心主義」。

㉟ 《荀子·天論》。

㊱ 同上。

　　認識宇宙的自然本質、認識人類的自然根性，併依據這自然本質、自然根性從事實踐活動，使人類在大自然中求得生存發展，這便是荀子「順天」思想的要旨所在。它和「制天」思想非但不矛盾，反而恰好是互為條件、互相促發、相輔相成的。荀子所謂「知天」，正完全是在「順天」的意義上，亦即了解自然規律、遵循自然規律的意義上立論。「知明而行無過矣」 ❸，「知天」正是為了在明瞭自然的基礎上利用自然（「制天」），使人類和自然打交道的生存實踐更加順利、更加成功。而荀子所謂「不求知天」， 則完全是在另一個思想層面上立論。聯繫荀子「唯聖人為不求知天」❸的前後文來看，他似在要求人們只需遵循認識到的自然規律行事，而不必追問自然現象、自然規律的「最後原因」，（即不必著意於「無用之辯，不急之察」 ❸）更不必把「天」神秘化、人格化、權威化加以信仰膜拜。這一方面徹底地發展了孔子以來重功能輕本體，「不語怪力亂神」的實用理性的思想取向，同時也與荀子「制天命而用之」的「天人之分」思想完全一致。在荀子這裡，「知天」的「天」， 是經驗的「天」，實踐依存的「天」（因此有「知其所為，知其所不為矣；則天地官，而萬物役矣。其行曲治，其養曲適，其生不傷」 ❹），「不求知天」的「天」，是本體的「天」，形上追索的「天」（即所謂「不見其事，而見其功，……皆知其所以成，莫知其無形……」❹），荀子要求了解經驗的「天」，不求了解本體的「天」，可說是最典型地

---

❸　《荀子・天論》。

❸　同上。

❸　同上。

❹　同上。

❹　同上。

表現了中國傳統思想最突出的特徵和取向——實用理性，關於這一點，他自己有明白不過的宣示：「其於天地萬物也，不務說其所以然，而致善用其材」❷。這一思想旨歸最終還是導向儒家傳統所要求的積極有為的人生態度——

> 君子敬其在己者，而不慕其在天者；小人錯其在己者，而慕其在天者。君子敬其在己者，而不慕其在天者，是以日進也；小人錯其在己者，而慕其在天者，是以日退也。❸

　　無論「知天」還是「不求知天」， 都落實於人間世的積極努力作為，二者統一則充分地表明了荀子積極、清醒、現實、理性的思想品味。

　　由上，盡管荀子「天論」在本體論上受到道家（特別是宋尹一派）的一定影響，「不為而成，不求而得」的說法亦確乎有老莊的影子，但整體地看，無論「知天順天」還是「天人之分」， 其基本精神和價值取向都強烈地閃爍著儒家精神。如果說「知天順天」還主要是對原儒的傳承，那麼「天人之分」則突出地體現了荀子充滿氣魄的思想創發。

三、荀子：天論與性論之關係

　　問題應從所謂「外在自然」與「內在自然」談起，讓我們再回到荀子的有關論說：

---

❷　《荀子・君道》。

❸　《荀子・天論》。

不為而成，不求而得，夫是之謂天職。……皆知其所以成，莫知其無形，夫是之謂天功。……好惡、喜怒、哀樂臧焉，夫是之謂天情。耳、目、鼻、口、形，能各有接，而不相能也，夫是之謂天官。心居中虛，以治五官，夫是之謂天君。財非其類，以養其類，夫是之謂天養。順其類者謂之福，逆其類者謂之禍，夫是之謂天政。❹

　　如前所述，荀子這段論說對「天」做了許多具體界定，這些界定中的「天」，均指自然之義。不過這個「自然」要分為「外在自然」與「內在自然」。所謂「外在自然」，即指日出月落、山崎川湧等大自然的存在與運行。所謂「內在自然」則指的是人類與生俱來的生理感官、心理現象、七情六欲。荀子把人類這種與生俱來的自然稟賦稱為「性」，他說：「不事而自然，謂之性」❹，這個「性」的「內在自然」與「外在自然」是相通的、統一的，前者甚至是來自後者的，因此，荀子又說：「天地者，生之本也」❹、「天地者，生之始也」❹、「人之命在天」❹、「凡性者，天之就也」❹。荀子的「天論」與「性論」，就在這裡接榫。不言而喻，荀子的「天論」與「性論」統一於自然。然而，這一統一卻似乎產生了一個巨大的

---

❹　《荀子·天論》。

❹　《荀子·正名》。

❹　《荀子·禮論》。

❹　《荀子·王制》。

❹　《荀子·天論》。

❹　《荀子·性惡》。

體系性矛盾。學人習知，荀子論「天」的突出特色，是不對「天」進行道德評價，對「天」抱持一種中性態度（所謂「天行有常，不為堯存，不為桀亡」、「治亂，非天也」，都是在表明對「天」採取一種非道德評價的中性態度），僅就其「天論」自身來看，迴避道德評價不僅完全能夠順理成章，完全能夠自圓其說，甚至恰好構成其理論的創發性。然而，荀子一旦將自己的「天論」放到自己的理論體係中，特別是將自己的「天論」與自己的「性論」統一起來時，便立刻遭遇到一個繞不過去的核心問題：能否、如何統一、貫徹對自然的道德評價。荀子對「天」——外在自然沒有給予道德評價；然而對「性」——內在自然卻給予了十分明確、毫不含糊的道德評價，此即他那十分有名的「性惡」之說。問題就這樣產生了——內在自然（「性」）是「惡」的，那麼它所從出的外在自然（「天」）呢？如果說這個外在自然——天是無所謂善惡的，從道德的角度看是中性的，是不能給予道德評價的，那麼由它而生的內在自然——性為什麼就必然地遭遇到道德評價，並被斬釘截鐵地判斷為「惡」的？如果說前者非「惡」，那麼後者的「惡」從何而來？如果荀子不主張先天的「性惡」說，這個問題就很容易解答：「性」之惡由後天的社會習染而來。但荀子偏偏又十分明確地認為「性」先天地、亦即生來就是惡的，換句話說，內在自然——性之惡是直接從外在自然——天那裡帶來的，所謂「凡性者，天之就也」，這就不能不使荀子遭遇到體系性的矛盾。這是一個難以解決的矛盾，因為荀子不能統一、貫徹他對自然的道德評價。他對自然的道德評價只能限於內在自然——性。一旦這種道德評價由內在自然貫徹到外在自然，由「性」貫徹到「天」，他就不能不推翻自己的「天論」。

　　之所以產生上述體系性的矛盾，與荀子「性論」之邏輯疏漏有

內在聯繫。上章分析荀子「性論」， 曾指出荀子主性惡並未從人的
自然天性本身（「內在自然」）展開論析，而只是著眼於人的自然天
性之滿足所造成的社會後果。這一方面如本文指出，體現了荀子「性
論」的現實品格，另方面在概念架構上卻造成了上述體系性矛盾。
如果深入一層詮釋，純從思想邏輯而非從現實立論梳理，則荀子「天
論」與「性論」之體系性矛盾當可化解。究荀子之「性論」本未對
人之自然天性作出善惡判斷，他之所謂「性惡」實在是指「性」之
無限滿足之「社會後果」， 因此，從內在的思想邏輯上考察，荀子
的「天論」與「性論」是統一的，「外在自然」與「內在自然」皆
為「自然」，皆為中性，皆無所謂善惡。在論析「外在自然」
（「天論」）時，荀子強調其獨立於社會、無涉於人事的客觀性、物
質性，故自不會給予道德評價；在論析「內在自然」（「性論」）時，
荀子已專注於人，他的「性論」就是「人論」， 而從儒的立場出發
談人論性首先就碰到一個善惡問題，首先就要進行道德評價。依荀
子「天論」與「性論」的內在邏輯聯繫，談到作為自然天性（「內在
自然」） 的人性，本亦無所謂善惡，本亦無道德屬性，但依儒的價
值規範匡正人之社會行為的現實需要，卻使荀子不顧理論體系的圓
通與嚴密，鮮明率直地提出了「性惡」說，這就造成了荀子思想的
體系性矛盾。然而如前所述，他所謂人性「惡」的道德估價，所指
已經是人的社會行為，而非人的自然天性，因此就聯結「天論」與
「性論」、 貫通「天」與「人」的「自然」這一關鍵環節來看，荀
子的論析從內在理路上來說，應該是沒有矛盾的。

　　然而荀子畢竟是一位大儒，並且是最具實用理性精神的大儒。
因此，他的思想亦首先表現出現實的應對性。而素為後人稱道的「嚴
謹」， 在他的思想理論追求中至少沒有占據首要位置。換句話說，

為了思想要義的現實論證，為了價值取向的現實張揚，他有時確乎自覺不自覺地違背理論的嚴謹要求，乃至體系的一致性要求，這在他的天論中有突出表現。如他在〈王制〉中說：

> 故姦言姦說，姦事姦能，遁逃反側之民，職而教之，須而待之；勉之以慶賞，懲之以刑罰；安職則畜，不安職則棄。五疾，上收而養之，材而事之，官施而衣食之，兼覆無遺；才行反時者，死無赦。夫是之謂天德。……
>
> 分均則不偏，執齊則不壹，眾齊則不使。有天有地，而上下有差；明王始立，而處國有制。（著重號係引者加）

這段話不僅有上古至孔孟之「天」崇拜的影子，甚至還透出了漢儒董仲舒「天人相副」的信息，它與荀子之自然天道觀乃至「天人相分」的思想顯然相左。然而，最能說明問題的，還是下面荀子論「禮」時說的一段話：

> 禮，上事天，下事地，尊先祖而隆君師，是禮之三本也。……天地以合，日月以明，四時以序，星辰以行，江河以流，萬物以昌，好惡以節，喜怒以當；以為下，則順；以為上，則明；萬物變而不亂；貳之，則喪也。禮豈不至矣哉！……禮者，人道之極也。❺⓿

在這裡，荀子十分明確地用「禮」統一了天、地、人，「禮」在這裡已具有宇宙根本大法的地位，它其實已成了「道」的別名。

---

❺⓿　《荀子‧禮論》。

然而用這一顯然具有倫理政治意味的道德形上本體來規範、統一
「天」和「人」，離荀子的「天人相分」之說，不已相去甚遠了嗎？
然而，號稱「嚴謹」的荀子卻無暇顧及，甚至不屑顧及這種矛盾。
因為他的哲學仍是儒的倫理政治哲學，在新的時代條件下建構儒所
倡導的倫理政治秩序是荀子的第一要務，理論的邏輯必須服從於實
踐的要求。上述論說儘管破壞了荀子思想體系的嚴整邏輯，卻完全
符合他的政治倫理意圖。換句話說，荀子的天論是要為荀子的政論
服務的。

　　綜觀荀子「天論」，我們可以看到這位先秦儒家一代宗師富於
創發魄力的思想品格，亦可以看到先秦儒家在戰國末期適應新的社
會格局和時代形勢，更加清醒、更加理性地走向人生現實的理論流
變。如果說荀子論「天」是從宇宙論的高度為儒家適應新形勢的人
文取向確定理論架構，那麼他的論「政」，則更集中、更典型、更
鮮明地體現了儒家在面臨一個新時代時創新應變的實用歷史智慧。

第五章　荀子的政論

　　《荀子・富國》有一段論說，可謂荀子的政治綱領。茲照引於斯，並由此展開考察荀子的政治論——

　　　　足國之道，節用裕民而善臧其餘。節用以禮，裕民以政。……
　　　　上以法取焉，而下以禮節用之，……故知節用裕民，則必有
　　　　仁義聖良之名，而且有富厚丘山之積矣。此無它故焉，生於
　　　　節用裕民也。……
　　　　禮者，貴賤有等，長幼有差，貧富、輕重皆有稱者也。……
　　　　德必稱位，位必稱祿，祿必稱用。由士以上，則必以禮樂節
　　　　之；眾庶百姓，則必以法數制之。量地而立國，計利而畜民，
　　　　度人力而授事。使民必勝事，事必出利，利足以生民，皆使
　　　　衣食百用出入相揜，必時臧餘，謂之稱數。故自天子通於庶
　　　　人，事無大小多少，由是推之。故曰：「朝無幸位，民無幸
　　　　生。」此之謂也。……
　　　　輕田野之稅，平關市之征，省商賈之數，罕興力役，無奪農
　　　　時，如是，則國富矣，夫是之謂以政裕民。❶

---

❶　《荀子・富國》。

　　荀子這番議論，可說是儒家治國思想的戰國末期版。它從經濟發展模式（「節用裕民而善臧其餘」、「輕田野之稅，平關市之征，省商賈之數」等），到倫理等級秩序（「貴賤有等，長幼有差，貧富、輕重皆有稱者」等），到政治運作的舉措與效率（「德必稱位，位必稱祿，祿必稱用」、「量地而立國，計利而畜民，庶人力而授事」、「朝無幸位，民無幸生」等），全幅謀劃，均鮮明地體現了儒家在經濟、政治、社會諸領域的價值取向和理想追求，同時又反映出與時竟進、變革創新的開拓精神。

　　本文考察荀子之「政論」取廣義，舉凡荀子之經濟、倫理、社會思想涉及治國者，均擬列入其「政論」加以紹述。本文以為，荀子之「政論」乃其思想體系之核心、要旨與歸宿，這一方面突出地體現了儒家思想「治國平天下」之「外王」一面，另方面更表明了荀子適應戰國末期社會情勢之巨變，導引儒家思想既堅持原則又應時調適的思想建構與實踐努力。觀《荀子》一書，論政者占大半篇幅，僅篇目即為論政者就有〈王制〉、〈富國〉、〈王霸〉、〈君道〉、〈臣道〉、〈致士〉、〈議兵〉、〈彊國〉、〈大略〉諸篇，此外如〈禮論〉、〈樂論〉等亦緊緊圍繞「政論」展開，是亦足見「政論」在荀學中之位置。

　　荀子之「政論」，以「禮」為核心，綜羅百家，精詳周密；今日之文化人類學、社會心理學、政治學、倫理學、經濟學等，均可從荀子之「政論」中獲取思想資源。下面試分述之。

一、堅守儒家政治理想

　　判斷荀學的思想性質，從他的「政論」入手最為允當。這是因

為有關荀學思想性質的見解或爭論，多從「政論」領域展開，特別是有關荀學究竟是儒還是法的爭論，更是聚焦於荀子的「政論」,故釐清荀子「政論」的思想特徵與價值取向，對於判別荀學的思想性質，是最重要的理論環節。

本文以為，至少從最高之政治理想的層面看，荀子仍高舉儒的旗幟，應說是無庸置疑。

儒的政治理想體現於儒的倫理政治原則。所謂倫理政治原則，即以倫理意識形態為政治運作依據，由倫理道德規範開出社會政治模式的政治觀。儒的倫理政治原則形成於對上古氏族宗法社會體制的肯認與憧憬，它以血緣關係為根基，以個體人格為起點，希望經由道德境界的實現來建構理想的政治模式。而所謂理想的政治模式，又不過是這個道德境界的國家形態、世俗完成。因此，在儒這裡，道德境界與政治理想二而一，一而二，後者不過就是前者的延伸。換句話說，個體人格的道德完成是政治模式的理想建構的根本前提、根本保證。《大學》所謂「修身齊家治國平天下」最經典地概括了從個體道德境界到社會政治理想的基本原則，乃至這一儒的倫理政治原則的貫徹程序。而這一儒的倫理政治原則，卻是從孔子的「為政以德」說到孟子的「仁政王道」說逐漸彰顯。

孔子云：

> 為政以德，譬如北辰，居其所而眾星拱之。❷

孔子對自己心目中政治理想的描繪，生動而壯觀。「為政以德」的政治理想，頭一個要求就是將道德信條的貫徹奉為最高的政治準

---

❷　《論語・為政》。

則，認為只有遵循道德信條的政治實踐才能達到理想的政治境界——

　　道之以政，齊之以刑，民免而無恥；道之以德，齊之以禮，
　　有恥且格。❸

　　孔子有時甚至認為所謂政治應具的含義就是道德倫理教化的
實踐——

　　或謂孔子曰：子奚不為政？子曰：《書》云：「孝乎惟孝，友
　　于兄弟，施於有政。」是亦為政，奚其為為政？❹

　　理想的政治境界由理想的道德境界化成，而從理想的道德境界
到理想的政治境界的伸衍實踐，又首先靠統治者來做道德榜樣——

　　季康子問政於孔子曰：如殺無道以就有道，何如？
　　孔子對曰：子為政，焉用殺？子欲善而民善矣。君子之德風，
　　小人之德草，草上之風，必偃。❺

　　由此，孔子特別強調統治者的「正」，　他甚至就將道德意義的
「正」解釋為政治意義的「政」，道德和政治就這樣成為一件事——

　　季康子問政於孔子，孔子對曰：政者，正也。子帥以正，孰

---

❸　《論語・為政》。
❹　同上。
❺　《論語・顏淵》。

敢不正！ ❻

子曰：苟正其身矣，於從政乎何有？不能正其身，如正人何？ ❼

　　孔子「為政以德」的倫理政治觀，由孟子發展為「仁政王道」之說。「仁政王道」之說充分體現了孟子作為「儒學左派」的民本色彩與人道精神。就維護儒家倫理政治觀的態度來說，孟子較孔子更為激烈、更為系統、更為完備、更為徹底，在當時的社會情勢下，亦更為空想。「孔子只慨嘆『天下無道』，孟子則猛烈地抨擊它；孔子的典範人物是周公，孟子則口口聲聲不離堯、舜、文王；孔子只講『庶之』、『富之』、『教之』 ❽、『近者悅，遠者來』 ❾，孟子則設計了一套遠為完整也更為空想的『仁政王道』。」 ❿

　　孟子的「仁政王道」說，有兩點特別值得注意，可以視為是對孔子『為政以德』說的重要發展——

　　其一，將儒的倫理政治學說的道德評價基礎定位於民眾利益——

　　　民為貴，社稷次之，君為輕。 ⓫

　　　樂民之樂者，民亦樂其樂；憂民之憂者，民亦憂其憂。樂以天下，憂以天下，然而不王者，未之有也。 ⓬

---

❻　《論語・顏淵》。

❼　《論語・子路》。

❽　同上。

❾　同上。

❿　見李師澤厚：《中國古代思想史論・孔子再評價》，人民出版社，1985年版。

⓫　《孟子・盡心下》。

桀紂之失天下也，失其民也；失其民者，失其心也。得天下
有道：得其民，斯得天下矣；得其民有道：得其心，斯得民
矣；得其心有道：所欲與之聚之，所惡勿施爾也。⑬

以上是說，只有關懷民瘼、以民眾利益為政治運作的最高目標，
才符合儒所倡導的政治道德，才是「仁政王道」。 馮友蘭先生談到
孟子的政治思想時說：

依傳統的觀點，一切政治上經濟上之制度，皆完全為貴族設。
依孟子之觀點，則一切皆為民設。此一切皆為民設之觀點，
乃孟子政治及社會哲學之根本意思。⑭

此說至當，可與本文互為參照。
其二，區別王霸，將儒家倫理政治學說徹底地道德化、主觀化
──

以力假仁者霸，……以德行仁者王。……以力服仁者，非心
服也，力不贍也。以德服人者，中心悅而誠服也，如七十子
之服孔子也。⑮

王霸之分，體現了孟子將儒的倫理政治觀推向極端，用倫理吞

---

⑫　《孟子·梁惠王下》。
⑬　《孟子·離婁上》。
⑭　馮友蘭：《中國哲學史》上冊，中華書局，1961年版，第145頁。
⑮　《孟子·公孫丑上》。

沒政治的思想走向。孟子推崇王政，貶斥霸政，其實是向政治運作提出了比孔子還嚴格的道德要求。孔子還有許管仲為仁❿，而在孟子看來，如果用儒的「仁政王道」做標準，管仲那種政治家就根本不夠格，因為管仲輔佐齊桓公所推行的政治，恰巧是典型的霸政。為了論證自己的看法符合孔子所代表的原儒之旨，孟子甚至不惜歪曲事實——「仲尼之徒，無道桓文之事者」⓱。

從孔子到孟子，儒的倫理政治原則獲得了系統完滿的經典形態。承不承認這個倫理政治原則，關係到是否堅守儒的政治理想，是否堅守儒家營壘。那麼，荀子對這個儒的倫理政治原則，究竟抱持什麼樣的態度呢？

從下面的論說中，我們會看到，荀子對儒的倫理政治原則完全肯認，且其態度之堅決徹底，決不下於孔子，甚至不下於孟子——

> 挈國以呼禮義，而無以害之；行一不義，殺一無罪，而得天下，仁者不為也；擽然扶持心國，且若是其固也。之所與為之者之人，則舉義士也；之所以為布陳於國家刑法者，則舉義法也；之所極然帥群臣而首鄉之者，則舉義志也。如是，則下仰上以義矣，是綦定也；綦定，而國定；國定，而天下定。⓲

這是荀子所肯認的最高政治境界。這個境界體現了孔子所倡的

---

❿　《論語・憲問》：「桓公九合諸侯，不以兵車，管仲之力也。如其仁！如其仁！」

⓱　《孟子・梁惠王上》。

⓲　《荀子・王霸》。

「為政以德」，也體現了孟子所倡的「仁政王道」、「義立，而王」**⑲**，正是典型的儒的倫理政治原則；「行一不義，殺一無罪，而得天下，仁者不為也」，正是儒的倫理政治原則的最響亮也最極端的表述。

論者常謂荀子以「禮」為重心，淡漠了孔子所強調的「仁」的精神，但荀子論政卻明確地主張：

> 人主：仁心設焉，知其役也，禮其盡也。故，王者先仁而後禮。天施然也。**⑳**

是足以表明，在荀子的心目中，理想的政治首先還是要標舉「仁」的精神，「先仁而後禮」，說得再明白不過了**㉑**。

有趣的是，荀子為論證最高政治境界乃「仁政」，曾托孔子言說：

> 子謂：子家駒，續然大夫也，不如晏子；晏子，功用之臣也，不如子產；子產，惠人也，不如管仲；管仲之為人，力功不力義，力知不力仁，野人也，不可以為天子大夫。**㉒**

此說與孟子「仲尼之徒，無道桓文之事」簡直可說是異曲同工，荀子肯認此說，表明在王霸的問題上，他是鮮明地高揚「王道」，主張「力仁」。直接的證據更有──

---

⑲　《荀子·王霸》。

⑳　《荀子·大略》。

㉑　這樣說不是貶低「禮」在荀學體系中的地位。相反，我以為，「禮」確乎是荀學體系的核心範疇。詳說容後。

㉒　《荀子·大略》。

仲尼之門人，五尺之豎子，言羞稱乎五伯，是何也？

曰：然，彼誠可羞稱也。齊桓，五伯之盛者也。前事，則殺兄而爭國；內行，則姑姊妹之不嫁者七人，閨門之內，般樂奢汰，以齊之分，奉之而不足；外事，則詐邾襲莒，并國三十五。其事行也，若是其險汙淫汰也，彼固曷足稱乎大君子之門哉？……彼非本政教也，非致隆高也，非綦文理也，非服人之心也。鄉方略，審勞佚，而能顛倒其敵者也；詐心以勝矣，彼以讓飾爭，依乎仁而蹈利者也；小人之傑也，彼固曷足稱乎大君子之門哉？㉓

對「霸」者的批判，從家庭私生活到政事方略，淋漓盡致，毫不留情，與之形成鮮明對比的，是對「王」者的謳歌——

彼王者則不然：致賢而能以救不肖，致彊而能以寬弱，戰必能殆之，而羞與之鬬；委然成文，以示之天下，而暴國安自化矣。有災繆者，然後誅之。故聖王之誅也綦省矣。文王誅四，武王誅二；周公卒業，至於成王，則安以無誅矣。故道豈不行矣哉？文王載，百里地而天下一；桀紂舍之，厚於有天下之埶，而不得以匹夫老。㉔

荀子「王霸之辨」的必然邏輯走向，便是主張由體現儒家政治理想的聖人為王——

㉓　《荀子・仲尼》。

㉔　同上。

聖也者，盡倫者也。王也者，盡制者也。兩盡者足以為天下極矣。❷

故天子唯其人。天下者，至重也，非至強莫之能任。至大也，非至辨莫之能分。

至眾也，非至明莫之能和。此三至者，非聖人莫之能盡，故非聖人莫之能王。❷

　　就涉及到儒家根本政治原則、最高社會理想的「王霸之辨」來說，荀子維護王道的堅決態度絲毫不比孟子遜色。儘管孟子更多地著眼於內在的道德動機，（「仁政王道」發自「不忍人之心」）荀子則更多地著眼於外在的政治事功，但執著於「王霸之辨」，尊王斥霸，主張聖人為王，卻鮮明地表現了荀子和孟子一樣，也在十分自覺地維護著儒的政治價值觀。

　　不僅如此，即便是對民本精神的肯認，「隆君權」的荀子竟也不讓富於原始民主色彩的孟子——

天之生民，非為君也；天之立君，以為民也。故，古者，列地，建國，非以貴諸侯而已；列官職，差爵祿，非以尊大夫而已。❷

　　「從道，不從君」❷的議論亦表明荀子並不絕對地尊奉

---

❷　《荀子·解蔽》。

❷　《荀子·正論》。

❷　《荀子·大略》。

「君權」。

從以上的紹述可以看出，荀子的政治態度十分鮮明，他在最高的政治層面上，十分自覺、十分徹底地貫徹著孔孟以來的倫理政治原則，堅守著儒的「為政以德」、「仁政王道」的政治理想。是亦可通過荀孟經濟思想的比較獲得佐證。荀子在闡發自己的經濟思想時說道：

> 輕田野之稅，平關市之征，省商賈之數，罕興力役，無奪農時，如是，則國富矣，夫是之謂以政裕民。㉙
>
> 王者之等賦，政事，財萬物，所以養萬民也。田野什一，關市幾而不征，山林、澤梁以時禁發而不稅，……㉚
>
> ……家，五畝宅，百畝田，務其業，而勿奪其時，所以富之也；立大學，設庠序，脩六禮，明十教，所以道之也。㉛
>
> 王者富民，霸者富士，僅存之國富大夫。㉜

這樣一種經濟思想，顯然滲透著「仁政王道」所特有的體民恤民的民本主義精神，它與孟子的經濟思想，在基本精神上甚至在具體設想上，都可說是毫無二致。孟子云：

> 不違農時，穀不可勝食也。數罟不入洿池，魚鱉不可勝食也。

㉘　《荀子・臣道》。

㉙　《荀子・富國》。

㉚　《荀子・王制》。

㉛　《荀子・大略》。

㉜　《荀子・王制》。

斧斤以時入山林，材木不可勝用也。穀與魚鱉不可勝食，材
木不可勝用，是使民養生喪死無憾也。養生喪死無憾，王道
之始也。五畝之宅，樹之以桑，五十者可以衣帛矣。雞豚狗
彘之畜，無失其時，七十者可以食肉矣。百畝之田，勿奪其
時，數口之家，可以無飢矣。謹庠序之教，申之以孝悌之義，
頒白者不負戴於道路矣。七十者衣帛食肉，黎民不飢不寒，
然而不王者，未之有也。㉝

　　這段話是孟子有名的經濟宣言，可謂儒家經濟思想的經典論
說。我們看到，前述荀子有關經濟制度與舉措的設想，和孟子的這
段話如出一轍，有些表述甚至連用語都十分接近。基本的經濟構想
如此一致，根本的政治原則便不會、也不應有大的分歧，因為政治
在很大程度上確乎就是經濟的「集中表現」（列寧語）。

　　綜合考察荀子的政治思想與經濟思想，將其與孔孟有關思想作
一比較，我們不難發現，荀子不僅在「大本」處，即在根本的政治
原則上自覺地繼承孔子，堅守儒家政治理想，即便在貫徹儒家倫理
政治原則之態度的激烈與徹底上，他也不讓孟子。他和孟子一樣，
也是儒家倫理政治原則、儒家政治理想的熱情、執著的捍衛者。

二、「禮」的新闡釋

　　如果說，在根本的政治信仰上，荀子與孔孟一脈相承，堅守著
儒的倫理政治原則，那麼，在如何具體地貫徹儒的倫理政治原則，
怎樣實現儒的社會理想等問題上，則可以見出荀子特有的創發性。

㉝　《孟子·梁惠王上》。

這種創發性突出地表現於荀子對「禮」的新闡釋。

荀子對「禮」的新闡釋，是荀子政論的核心部分，是荀子政論在以後二千年封建專制政治中影響至巨的要因所在。「禮」在荀子這裡，是政治論，是倫理學，是國家論，是社會學，然而最值得重視的是，它首先被荀子納入了自己對人類社會的發生學的思考——

> 禮起於何也？曰：人生而有欲，欲而不得，則不能無求；求而無度量分界，則不能不爭；爭則亂，亂則窮。先王惡其亂也，故制禮義以分之。以養人之欲，給人之求，使欲必不窮乎物，物必不屈於欲。兩者相持而長，是禮之所起也。㉞

這段話是《荀子・禮論》之開篇。它表明，荀子一開始就將「禮」的考察與人性的考察聯繫在一起。他從自己主張的「性惡」論出發，指出了「禮」之形成的必然性、必要性。「禮」的形成出自人類社會的內在需要，「禮」的作用就是防止人類社會衝突、維護人類生存秩序。所謂「度量分界」，蓋此意也。

從人的根性出發、從人類社會的內在需要出發考察「禮」的起源、「禮」的作用，是一種十分現實的理性主義的態度。本來，「禮」的起源是一個撲朔迷離、很難說清楚的問題。追溯起來，它和遠古社會的巫術圖騰活動具有原始的聯繫，並且經歷了一個從具有重大意味到純為文飾的漫長演化過程——「凡禮，事生，飾歡也；送死，飾哀也；祭祀，飾敬也；師旅，飾威也。是百王之所同，古今之所一也，未有知其所由來者也」㉟。但荀子卻將這個「未有知其所由

㉞ 《荀子・禮論》。

㉟ 同上。

來者」的「禮」，納入了自己的人類社會學的歷史主義視野。在這個
視野中，「禮」由遠古巫術而來的神秘性、宗教性或消失或降於極次
要的地位，「禮」的理性制約功能、倫理規範功能、社會整合功能
卻被空前地強化和突出——

> 人之生不能無群，群而無分則爭，爭則亂。❸
> 故先王案為之制禮義以分之，使有貴賤之等，長幼之差，知
> 愚、能不能之分，皆使人載其事而各得其宜，然後使穀祿多
> 少厚薄之稱，是夫群居合一之道也。❸
> 凡用血氣志意知慮，由禮則治通，不由禮則勃亂提僈。食飲
> 衣服居處動靜，由禮則和節，不由禮則觸陷生疾。容貌態度
> 進退趨行，由禮則雅，不由禮則夷固僻違，庸眾而野。故人
> 無禮則不生，事無禮則不成，國家無禮則不寧。❸

依荀子的闡釋，「禮」是人類社會不可或缺的準則規範；再進
一步，荀子更認為「禮」是人之為人的根本特徵：

> 人之所以為人者，何已也？曰：以其有辨也。飢而欲食，寒
> 而欲煖，勞而欲息，好利而惡害，是人之所生而有也，是無
> 待而然者也，是禹桀之所同也。然則，人之所以為人者，非
> 特以二足而無毛也，以其有辨也。今夫狌狌形笑亦二足而毛
> 也，然而君子啜其羹，食其胾。故人之所以為人者，非特以

---

❸　《荀子·富國》。
❸　《荀子·榮辱》。
❸　《荀子·修身》。

其二足而無毛也，以其有辨也。

夫禽獸有父子，而無父子之親；有牝牡，而無男女之別。故，
人道莫不有辨。辨莫大於分，分莫大於禮，……㊴

這裡特別值得注意的是，荀子將禮導入人的本質，就已經使人
性的基準超越了自己的「性惡」之說。從上文的邏輯語勢來看，荀
子強調「辨」、「分」、「禮」這樣一些社會倫理行為、社會道德規範
為「人之所以為人者」，而「飢而欲食，寒而欲煖，勞而欲息，好
利而惡害」如同「二足而無毛」一樣，都還只是自然欲望本能、自
然生理特徵，它們是人禽之所同具，還沒有進入人性的本質層面，
亦即還不能構成人之為人的根本特徵。由此看來，荀子所云「性惡」
之「惡」，他在自己的「性論」中對人性下的基本判斷，均著眼於
人的自然性，而他卻並不認為這種自然性就是人的本質——「人之
所以為人者」，相反，他明確地肯認人的本質——「人之所以為人者」
只能存在於人的倫理意識、道德意識、規範意識、秩序意識中，亦
即只能存在於「禮」、「分」、「辨」中。在下面的論說中，荀子更指
出人區別於、超越於一切自然存在的本質特徵是「義」和「群」：

水火有氣而無生，草木有生而無知，禽獸有知而無義；人有
氣有生有知亦且有義，故最為天下貴也。力不若牛，走不若
馬，而牛馬為用，何也？曰人能群，彼不能群也。人何以能
群？曰分。分何以能行？曰義。㊵

㊴　《荀子・非相》。

㊵　《荀子・王制》。

　　參之荀子「人之生不能無群，群而無分則爭，爭則亂」❹、「故
先王案為之制禮義以分之」❹，則荀子將人的本質 ——「人之所以
為人者」首先概括為「群」，亦即社會性，並由此引出人的本質 ——
「人之所以為人者」的更重要的特徵 ——「禮義」，亦即道德性。
「群」——社會性使人擁有超越一切自然存在物的智慧力量（「力
不若牛，走不若馬，而牛馬為用，何也？曰人能群」），「禮義」——
道德性則使人擁有超越一切自然存在物的尊嚴偉大（「人有氣有生
有知亦且有義，故最為天下貴也」），并且前者功能的發揮亦必須以
後者的貫徹與規範為基本條件（人何以能群？曰分。分何以能行？
曰義）。這裡，「群」和「禮義」的統一，後者對前者的制約，適成
一個倫理社會，而這也就是人的本質之所在，也就是「人之所以為
人者」。　荀子這一理路，顯係一種人類社會發生學的歷史主義的思
考。這樣一種思考著眼的是人類整體，宗旨是建構作為整體的人類
社會的理想的生存秩序。由於著眼於人類整體，荀子在先秦思想家
中第一個突出地強調了「人」作為「類」的存在。嘗有論者認為荀
子所云之「類」僅具邏輯學意義，其實荀子亦在「人」之「族類」
的意義上使用「類」這一概念，「先祖者，類之本也」❹便是。荀子
在這一意義上使用的「類」概念，更具有思想史的價值❹，他反覆
論及的「群」、「分」、「辨」等等，都正是「人」作為「族類」的功

---

❹　《荀子·富國》。

❹　《荀子·榮辱》。

❹　《荀子·禮論》。

❹　李師澤厚與韋政通先生均曾認為在荀學中，「類」是比「禮」高一層
　　的概念。見李著：《中國古代思想史論·荀易庸記要》、韋著：《荀子
　　與古代哲學》。

能特徵，亦即「人類」的功能特徵、「人類社會」的功能特徵。只有著眼於人類社會整體，著眼於「類」，才能深入理解「禮」何以成為荀子論說最多的範疇，何以成為荀學的核心。「禮者，法之大分，類之綱紀也」**❹**，正是這個「類之綱紀」，決定了「禮」不能不成為荀子最重視的範疇，最關注的對象。「禮」在荀子的心目中實際上包容、體現、象徵了人類社會的理想的生存狀態。作為人類社會理想生存狀態之包容、體現、象徵的「禮」，具有兩大基本功能，是即一「養」一「別」——

> 禮者，養也。芻豢、稻粱，五味調香，所以養口也；椒蘭、芬苾，所以養鼻也；雕琢、刻鏤、黼黻、文章，所以養目也；鍾鼓、管磬、琴瑟、竽笙，所以養耳也；疏房、檖䫱、越席、牀笫、几筵，所以養體也。故，禮者，養也。
> 君子既得其養，又好其別。曷謂別？曰：貴賤有等，長幼有差，貧富、輕重，皆有稱者也。**❻**

「禮」之「養」，是人類生存欲求的文明滿足；「禮」之「別」，是人類生存秩序的倫理規範。二者缺一不可，少了哪一個都不能成就理想的人類社會。「禮」的兩大基本功能，實際上就是人類社會的兩大基本需要。與此相關，荀子又進一步論說道：

> 禮有三本：天地者，生之本也；先祖者，類之本也；君師者，治之本也。無天地，惡生？無先祖，惡出？無君師，惡治？

---

❹　《荀子・勸學》。

❻　《荀子・禮論》。

　　三者偏亡，焉無安人。故，禮，上事天，下事地，尊先祖而
　　隆君師。是禮之三本也。❼

　　在這裡，荀子為確立「禮」的權威性而為它尋找的「三本」，包
含著儒家一直肯認且宏揚的兩對統一關係：其一，人與自然的統一，
即「生之本」──「天地」與「類之本」──「先祖」的統一；其
二，倫理與政治的統一，即「類之本」──「先祖」與「治之本」
──「君師」的統一。「尊先祖而隆君師」，是儒家倫理政治學說的
最經典的表述；數千年中古社會「天地君親師」的準宗教信仰，蓋
出於荀子「三本」之說。而這一切，最後都凝注於「禮」，歸結於
「禮」，「禮」遂成為人文世界的標準、規範、最高表徵──「繩者，
直之至；衡者，平之至；規矩者，方圓之至；禮者，人道之極也。」❽
於是，人生最重要的、完成性的文化認知，便是掌握「禮」──「學，
惡乎始？惡乎終？曰：其數，則始乎誦《書》，終乎讀《禮》」❾、
「學至乎禮而止矣」❿。特別值得注意的是，荀子為了論證「禮」
的尊嚴偉大、權威無限，竟不惜和自己「天論」之「天人之分」相
矛盾，這在「禮有三本」之說中已露端倪，更明白的是下面一段話：

　　天地以合，日月以明，四時以序，星辰以行，江河以流，萬
　　物以昌，好惡以節，喜怒以當；以為下，則順；以為上，則
　　明；萬物變而不亂；貳之，則喪也。禮豈不至矣哉！立隆以

---

❼　《荀子・禮論》。

❽　同上。

❾　《荀子・勸學》。

❿　同上。

為極，而天下莫之能損益也。本末相順，終始相應；至文以
有別，至察以有說。天下從之者治，不從者亂；從之者安，
不從者危；從之者存，不從者亡。❺

在這裡，「禮」已經不僅是人文世界的軌儀、圭臬，它已經成
為囊括宇宙、貫通天人的最高法則。這顯然與荀子自己的「天人之
分」思想相矛盾，「天人之分」通過「禮」又變成了「天人合一」。
適如李師澤厚所曾指出，荀子這一思想實際上已在為漢儒的天人感
應說作準備❺。對荀子有關天人關係的矛盾論說，僅從思維邏輯的
角度審視，沒有多大意義。荀子的矛盾是出於一種無奈的時代情狀。
荀子其時，是徹底的「禮崩樂壞」，最無「禮」的秦，卻偏偏最成
氣候。堅守儒家政治理想與人文價值的荀子，只能通過大肆張揚「禮」
的權威性來捍衛「禮」，重建「禮」的世界。為了達成這樣的目的，
借助宇宙大自然無比強大、無可懷疑的運行作背景，將「禮」之法
則的有效性涵擴其上，自然是最能奏效的手段。無論從傳統的宗教
心態來看還是從現實的心理感受來看，「天人合一」的文化認知模
式始終占據著統治地位，荀子正是迎合、適應這樣一種文化認知模
式，以求達成重建「禮」的權威、光復「禮」的世界的人文目的。

荀子所推崇的「禮」，作為倫理秩序要求、社會規範約束，當
然更多地帶有外在性、強制性、等級性的特徵。反覆論說通過外在
強制的「禮」來構建社會的等級秩序，確乎是荀學的一大特色。後
儒常拿孟子和荀子對比，認為孟子重「內聖」——「仁」，荀子重「外

---

❺　《荀子・禮論》。

❺　見李師澤厚：《中國古代思想史論・荀易庸記要》，人民出版社，1985
　　年版。

王」——「禮」，新儒家乃至現代新儒家遂因此而揚孟抑荀，認為孟
子更得儒的真精神，更得孔子的真傳。如果說在孔子那裡，「仁」
和「禮」還是交相因依，內外相成，那麼孟子確乎更強調了內在的
「仁」，荀子確乎更強調了外在的「禮」；孟子確乎更突出地發展了
「我欲仁，斯仁至矣」的一面，荀子確乎更突出地發展了「克己復
禮為仁」的一面；和孟子關注個體人格、高揚民本主義的思想傾向
相比，荀學論證等級秩序、肯認階級統治的理論色彩確乎顯得格外
刺目。但荀孟的區別只具有極其相對的意義，孟子較荀子更得儒的
真精神、更得孔子真傳的看法亦應予以再思考。就拿荀子所強調之
「禮」的外在性來說，在他那裡，「禮」儘管經常被闡釋為外在的規
範，但亦未始沒有內在的依據。荀子明白地說：「禮以順人心為本。
故，亡於《禮經》而順人心者，皆禮也」❸，這其實已十分清楚地
將「禮」的價值定位於內在的「人心」， 而非定位於外在的教條、
經典；他更進一步認為「王者先仁而後禮」❹，這更毋庸置疑地表
明他將「仁」預設為「禮」的前提，亦即只有實現了「仁」， 才能
建構起「禮」；「仁心設焉，知其役也，禮其盡也」❺，蓋亦此意。
嘗有論者論及荀子禮論，將荀孟對比，認為荀子強調「禮」之功利
性「與孟子求『禮之端』於『辭讓之心』——在告子面前索性改為
『恭敬』——的觀念論是一個鮮明的對照」❻。實際上，荀子恰巧
也以「恭敬」釋「禮」；「恭敬，禮也」❼，正是荀子的原話。要之，

---

❸　《荀子·大略》。

❹　同上。

❺　同上。

❻　侯外廬等著：《中國思想通史》第一卷，人民出版社，1957年版，第
　　573頁。

「先王之道，仁義之統」❺為荀子尊奉之最高的政治倫理準則，其切合儒之大旨自不待言，與孟子無根本矛盾，於孔子亦若合符節。

即便僅就荀子對「禮」自身的闡釋加以考察，無論「禮」的外在性、等級性、強制性、規範性，也都是「禮」的題中應存之義，也都不出儒的倫理政治。荀子對「禮」的闡釋，恰巧是具體明晰系統地展開了凝聚於「禮」的儒家倫理政治的基本構想。如他說：

> 分均則不偏，埶齊則不壹，眾齊則不使。有天有地，而上下有差；明王始立，而處國有制。夫兩貴之不能相事，兩賤之不能相使，是天數也。埶位齊，而欲惡同；物不能澹則必爭。爭則必亂，亂則窮矣。先王惡其亂也，故制禮義以分之，使有貧富貴賤之等，足以相兼臨者，是養天下之本也。《書》曰：「維齊非齊」，此之謂也。❺

這番話的等級色彩十分強烈，在現代人看來，它較之孟子那些充滿激情的民本主義吶喊，確乎令人不快、令人鬱窒。但從根本上說，它仍不出「禮不下庶人，刑不上大夫」的儒家等級規範，與孔子之「貴賤不愆，所謂度也……貴賤無序，何以為國」❻、孟子之「勞心者治人，勞力者治於人」❻、「無君子莫治野人，無野人莫養君子」❻、「位卑而言高，罪也」❻，亦頗相類。不同之處僅僅在於，

---

❺　《荀子・臣道》。

❺　《荀子・榮辱》。

❺　《荀子・王制》。

❻　同上。

❻　《孟子・滕文公上》。

荀子的話更具體直截地論說了儒家等級思想的社會的、歷史的、自然的合理性。要之，荀子釋「禮」，無論是就「仁」與「禮」的關係立論，還是對「禮」自身的功能進行考察，都十分符合儒家的政治理想，社會構想以及倫理準則。

三、荀子的變通

為了說明問題，這裡首先引述一下侯外廬等先生主編之《中國思想通史》對荀子禮論的看法。該書認為：

> 荀子的禮的思想，源於儒家的孔子，然而他的天道觀和所處的時代不同於孔子，因而他的禮論，也就變成了由禮到法的橋梁。❻❹

為了論證這一看法，該書引述了《荀子・禮論》開篇闡釋禮的起源的那段著名議論——

> 禮起於何也？曰：人生而有欲，欲而不得，則不能無求；求而無度量分界，則不能爭；爭則亂，亂則窮。先王惡其亂也，故制禮義以分之。以養人之欲，給人之求，使欲必不窮乎物，物必不屈於欲。兩者相持而長，是禮之所起也。故禮者，養也。

---

❻❷　《孟子・滕文公上》。

❻❸　《孟子・萬章下》。

❻❹　侯外廬等主編：《中國思想通史》，人民出版社，1957年版，第573頁。

　　侯著認為：「這一段話所說的雖是禮的起源，但他所注視的卻是法——『物』的『度量分界』。如果把引文中的『禮』字換成『法』字，不就成為法的起源論嗎？」❻⑤

　　首先應該指出，侯著對《荀子‧禮論》開篇的看法，有失武斷。「禮」和「法」在荀子那裡，絕不是可以對換的兩個同義的概念。荀子筆下「禮」的起源，絕非「法」的起源；「度量分界」云云，更不能看成重視「法」的論據。實際上，在荀子這裡，「禮」與「法」有十分重要的區別。簡而言之，「禮」與「法」最重要的區別是：前者是一種積極的道德引導，後者是一種消極的賞罰制約。《禮記》中的一段話，頗能說明「禮」與「法」的區別，茲照引於下：

　　　凡人之知，能見已然，不能見將然。禮者，禁於將言之前；而法者，禁於已然之後。是故法之用易見，而禮之所為生難知也。若夫慶賞以勸善，刑罰以懲惡，先王執此之正，堅如金石，行此之信，順如四時，處此之功，無私如天地爾。豈顧不用哉？然如曰禮云禮云，貴絕惡於未萌，而起敬於微眇，使民日徙善遠罪，而不自知也。孔子曰：「聽訟吾猶人也，必也使無訟乎？」此之謂也。……以禮義治之者積禮義，以刑罰治之者積刑罰。刑罰積而民怨倍；禮義積而民和親。故世主欲民之善同，而所以使民之善者異。或導之以德教，或歐之以法令。導之以德教者，德教行而民康樂。歐之以法令者，法令極而民哀戚。哀樂之感，禍福之應也。❻⑥

　　❻⑤　侯外廬等主編：《中國思想通史》，人民出版社，1957年版，第573頁。

　　《禮記》一書，受荀子影響至深且巨，其中許多篇章與《荀子》
同，故《禮記》論「禮」，　基本上可與荀子論「禮」合併言之。上
引《禮記》之論「禮」與「法」的區別，顯然是將「禮治」視為理
想的政治境界，而將「法治」視為等而下之的政治舉措。「導之以
德教」為「禮治」，「歐之以法令」為「法治」，《禮記》之褒揚前者
（無保留地肯定前者），　貶抑後者（有保留地肯定後者）的態度十
分鮮明，它其實是忠實地演繹著孔子的思想——「道之以政，齊之
以刑，民免而無恥；道之以德，齊之以禮，有恥且格」❻❼。

　　我們看荀子對「禮」、「法」關係的論說，一如上述。他十分明
確地褒「禮」貶「法」，　他的這種態度，前承孔子，後開《禮記》，
維繫著一條崇尚禮治、德治、君子之治，亦即「道之以德，齊之以
禮」的儒家政治路線。如他說：

　　　　有亂君，無亂國；有治人，無治法。羿之法非亡也，而羿不
　　　世中；禹之法猶存，而夏不世王。故法不能獨立，類不能自
　　　行；得其人，則存；失其人，則亡。法者，治之端也；君子
　　　者，法之原也。故，有君子，則法雖省，足以徧矣；無君子，
　　　則法雖具，失先後之施，不能應事之變，足以亂矣。不知法
　　　之義而正法之數者，雖博，臨事必亂。❻❽
　　　　有良法而亂者，有之矣；有君子而亂者，自古及今，未嘗聞
　　　也。❻❾

---

❻❻　《禮記・禮察》（見賈誼〈論時政疏〉）。

❻❼　《論語・為政》。

❻❽　《荀子・君道》。

「有治人，無治法」，即肯定、強調、推崇儒家的「君子之治」，而否定唯法是舉的法家傾向。論者多以為荀子為兩個大法家——韓非和李斯的老師，故法家的理論與實踐必與荀子有淵源關係，此說其實十分牽強。前述〈荀子與諸子〉一章對此曾略有辨析。這裡只強調指出，在「禮治」與「法治」、「德教」與「刑政」的關係上，荀子是絕對地遵循著孔子以來的「仁道」路線，以前者為本，以後者為末，以前者為政治的無上圭臬，以後者為不得已的行政手段。

然而，荀學的理論面貌，荀學所討論的問題，和孔孟亦確有不同——「例如孔孟只講『仁義』，不大講兵（打仗），……荀子卻大議其兵。……孔孟以『仁義』釋『禮』，不重『刑政』，荀則大講『刑政』，並稱『禮』、『法』，成為荀學區別於孔孟的基本特色。」❼⓿

之所以產生這些區別，基本的原因是時代變化和荀子對時代變化的適應。

從孔子所處的春秋末期到荀子所處的戰國末期，歷史發生了劃時代的巨變。孔子其時，氏族貴族政治儘管已搖搖欲墜但仍維持著正統的合法性；荀子其時，氏族貴族政治卻已土崩瓦解，新興的「顯族」（非貴族出身而具有政治經濟實力者）從政治到經濟都在凱歌行進，不斷地取得決定性的勝利。這種劃時代的巨變不能不波及社會各個領域，並導致國家制度的變革。其中一個具有典型意義的表現，便是從貴族政治習慣法——「禮」到顯族政治成文法——「法」的轉變。孔子其時，這種轉變已露端倪，如鄭鑄刑書、晉鑄刑鼎等，孔子對這種轉變明確堅決地表示反對。如他抨擊晉鑄刑鼎說：

---

❻⓽　《荀子・王制》。

❼⓿　李師澤厚：《中國古代思想史論》，人民出版社，1985年版，第108頁。

　　晉其亡乎，失其度矣。夫晉國將守唐叔之所受法度，以經緯
　　其民，卿大夫以序守之，民是以能尊其貴，貴是以能守其業。
　　貴賤不愆，所謂度也。……今棄是度也，而為刑鼎；民在鼎
　　矣，何以尊貴？貴何業之守？貴賤無序，何以為國？ **❼**

　　依貴族政治的習慣法──「禮」的要求，社會的政治秩序應該
是以貴族血緣出身為基礎的等級制；依顯族政治的成文法──「法」
的要求，社會的政治秩序應該是以國民政經實力為基礎的等級秩序。
前者的等級是由生來身份形成的等級，代表著一種過時的制度，但
由於它來自於父家長制的氏族制度，因此還保留著某種血緣的溫情
和原始的人道；後者的等級是由後天奮鬥形成的等級，符合歷史前
進的方向，但由於它來自於毫無節制的殺伐爭鬥陰謀權術，因此不
能不滲透著血腥殘暴冷酷無情。前者的意識形態代表為孔孟，後者
的意識形態代表為韓非。荀子處於前者向後者的過渡即將完成之時，
處於一個新時代即將到來之際，他的政治價值觀仍是儒家的、傳統
的，但面對著和儒的政治價值觀背道而馳的歷史大趨勢，荀子深知
再如孟子那樣地大聲疾呼「仁政王道」，以道德激情來力挽狂瀾，
只能是迂執、不切實際、毫無效果的空喊、空想（用荀子自己的話
說，叫做「略法先王而不知其統」），唯一切實可行的途徑是，正視
現實提出的新問題、駕馭歷史的大趨勢、在主動地把握時代脈搏的
基礎上因勢利導地貫徹儒的政治價值觀。如果將孔子比做蘇格拉底，
那麼荀子不是像柏拉圖那樣以「理想國」來繼承自己的老師（孟子
正是這樣做的），而是像亞里士多德那樣以「政治學」來開拓新的

❼　《左傳》，卷二十六，昭公二十九年。

理論園地。因此，荀學中不能不出現許多由緊迫現實問題提取出來
的新範疇。孔孟不討論、無興趣的許多問題，到了荀子的時代，都
成了無法迴避、必須直面的問題，並且這些問題早已脫出舊的貴族
政治的體系，而多半形成於新的顯族政治的活躍中。荀子不能不關
注這些問題、討論這些問題，這也就使得荀學的理論面貌不同於孔
孟。但這種不同只是一種「變通」，荀子的宗旨始終是接過這些問
題而以儒的價值觀分析之、規範之、引導之。從這一角度來看，荀
子所討論的新問題愈多，就愈顯出他捍衛儒家價值觀的艱鉅性、悲
劇性。

　　所謂時代的新問題，無論從理論上看還是從實踐上看，都在沿
著法家的思想軌跡提出和解決。從理論上看，「禮」在政治價值的
天平上越來越低於「法」，功利的計算越來越多於道德的估價；從
實踐上看，以秦為代表的法家政治實踐正在以軍事形式走向最後的
勝利。「耕戰為本」的法家政治價值觀在秦國很快也在天下取得了無
庸置疑的成功。荀子面對的就是這樣的新形勢，討論的就是由此產
生的新問題。在很大範圍內，他是在和法家討論同樣的問題。荀子
自己亦嘗說：「古今異情，其以治亂者異道」❼❷，這和商鞅的名言「治
世不一道，便國不法古」❼❸又似乎同調。凡斯種種，都使人認為荀
子具有法家傾向。然而只要深入一層辨析，便不難發現，荀子實在
是以一個儒者的心態來對待那些法家最關注的命題，上述有關
「禮」、「法」關係的討論便是典型的例證。荀子對「勢」的評價，
亦很能說明問題，法家政治哲學的三大基本命題是「法」、「勢」、
「術」，「勢」的重要由此可見。法家論「勢」以慎到最為精彩，韓

❼❷　《荀子·非相》。

❼❸　《商君書·更法篇》。

非嘗引其言曰：

> 慎子曰：飛龍乘雲，騰蛇遊霧。雲罷，霧霽，而龍蛇與蚯蚓
> 同矣，則失其所乘也。故賢人而詘於不肖者，則權輕位卑也；
> 不肖而能服於賢者，則權重位尊也。堯為匹夫，不能治三人；
> 而桀為天子，能亂天下，吾以此知勢位之足恃，而賢智之不
> 足慕也。夫弩弱而矢高者，激於風也；身不肖而令行者，得
> 助於眾也。堯教於隸屬，而民不聽，至於南面而王天下，令
> 則行，禁則止。由此觀之，賢者未足以服眾，而勢位足以詘
> 賢者也。⓴

　　荀子對慎子持明確的否定態度，〈非十二子〉批評他「尚法而
無法」，〈解蔽〉批評他「蔽於法而不知賢」，〈天論〉批評他「有見
於後，無見於先」，而對慎子、韓非等法家均十分重視、肯定的
「勢」，荀子更從儒的立場出發予以否定——

> 明主急得其人，而闇主急得其埶。急得其人，則身佚而國治，
> 功大而名美，上可以王，下可以霸；不急得其人，而急得其
> 埶，則身勞而國亂，功廢而名辱，社稷必危。⓵

　　法家力主「耕戰為本」（「禮墮而修耕戰」），故大議其兵，強調
軍事才幹對於國家政治的頭等重要意義，這和儒家孔孟之「軍旅之
事，未之學也」⓶、「善戰者服上刑」⓷，適成鮮明對照。荀子對待

⓴　《韓非子・難勢》。

⓵　《荀子・君道》。

「兵」、「戰」的態度則既不同於孔孟，又不同於法家。不同於孔孟
者乃適應於時代的變通，不同於法家者乃價值觀的對立——

　　臨武君與孫卿子議兵於趙孝成王前。

　　王曰：「請問兵要。」

　　臨武君對曰：「上得天時，下得地利，觀敵之變動；發之後，
先之至。此用兵之要術也。」

　　孫卿子曰：「不然。臣所聞古之道，凡用兵，攻戰之本，在乎
壹民。弓矢不調，則羿不能以中微；六馬不和，則造父不能
以致遠；士民不親附，則湯武不能以必勝也。故善附民者，
是乃善用兵者也。……」

　　臨武君曰：「不然。兵之所貴者，勢利也；所行者，變詐也，
善用兵者，感忽悠闇，莫知其所從出。孫、吳用之，無敵於
天下，豈必待附民哉？」

　　孫卿子曰：「不然。臣之所道，仁人之兵，王者之志也；君之
所貴，權謀、埶利也；所行，攻奪、變詐也；諸侯之事也。
仁人之兵，不可詐也；彼可詐者，怠慢者也，路亶者也；君
臣上下之間，然有離德者也。故，以桀詐桀，猶巧拙有幸焉；
以桀詐堯，譬之若以卵投石，以指撓沸，若赴水火，入焉焦
沒耳！」

　　……

　　齊之技擊，不可以遇魏氏之武卒；魏氏之武卒，不可以遇秦
之銳士；秦之銳士，不可以當桓文之節制；桓文之節制，不

<hr>

⑰　《論語‧衛靈公》。
⑰　《孟子‧離婁上》。

可以敵湯、武之仁義；有遇之者，若以焦熬投石焉。

……

陳囂問孫卿子曰：「先生議兵，常以仁義為本。仁者愛人，義者循理，然則又何以兵為？凡所為有兵者，為爭奪也。」

孫卿子曰：「非女所知也。彼仁者愛人，愛人，故惡人之害之也。義者循理，循理，故惡人之亂之也。彼兵者，所以禁暴除害也，非爭奪也。故仁人之兵，所存者神，所過者化；若時雨之降，莫不說喜。是以，堯伐驩兜，舜伐有苗，禹伐共工，湯伐有夏，文王伐崇，武王伐紂；此四帝兩王，皆以仁義之兵行於天下也。故，近者親其善，遠方慕其德；兵不血刃，遠邇來服；德盛於此，施及四極。」⑱

臨武君純從專業角度討論軍事問題，他的軍事觀應說是頗合法家胃口，荀子討論軍事問題，則從儒的道德立場出發，強調決定戰爭勝負的關鍵因素是能否體現儒的道德要求。他解答學生陳囂的提問，更可見出仁義為本的儒家本色。其所謂「以仁義之兵行於天下」、「近者親其善，遠方慕其德；兵不血刃，遠邇來服」云云，和孟子所謂「仁人無敵於天下，以至仁伐至不仁，而何其血之流杵也」⑲，真可謂異曲同工。

之所以引了一大段《荀子·議兵》，是因為從《荀子·議兵》中，最能見出荀子既堅守儒的政治價值觀又在新的時代情勢中力求變通之道的思想態勢。

後人批評荀子，或謂其非醇儒（韓愈所謂「大醇而小疵」已是

---

⑱　《荀子·議兵》。

⑲　《孟子·盡心下》。

相當客氣），或謂其非正宗（從宋明「新儒家」到「現代新儒家」均如此貶斥荀子），最屬害的如譚嗣同甚至罵荀子是「鄉愿」，認為荀學是二千年專制政治思想之根（「二千年來之政，秦政也，皆大盜也……二千年來之學，荀學也，皆鄉愿也。惟大盜利用鄉愿，惟鄉愿工媚大盜，二者相交相資……⑧⓪」）。現代學者亦多有如此苛評荀子者，如呂思勉嘗謂：「荀子之書，狹隘酷烈之處頗多，孔門之嫡傳，似不如是」⑧①，郭沫若亦謂：「我本來是不太喜歡荀子的人，……我之比較推崇孔子和孟軻，是因為他們的思想在各家中是比較富於人民本位的色彩。荀子已經漸從這種中心思想脫離。」⑧②

　　批評荀子者，多如郭氏以孟子為參照，如譚嗣同亦云：「荀子生孟子後，倡法後王而尊君統，務反孟子民主之說，嗣同嘗斥之為鄉愿矣。」⑧③

　　以孟子為參照而批評、指斥荀子者，論據大致不外兩點：其一，由孔子所顯發的儒的真精神在「仁」，儒學之本質為內在的心性之學，心性之學的宗旨即發揚「仁」的精神，培育道德人格。孟子之「性善」論是儒家心性之學的第一次系統的表述，最符合儒的真精神，而荀子反其道力主「性惡」論，便將道德人格的培育全都看成了外在的強制與規範，全都變成了遵循「禮」的外在工夫，這樣一種重外輕內、重「禮」輕「仁」的思想傾向當然有違儒的真精神（從

---

⑧⓪　譚嗣同：〈仁學〉。

⑧①　呂思勉：《經子題解》轉引自呂著《先秦學術概論》，中國大百科全書出版社，1985年版，第84頁。

⑧②　郭沫若：《十批判書》，第423～424頁。

⑧③　譚嗣同：〈致唐佛塵〉，見《中國哲學》，第四輯，第424頁，人民出版社，1980年版。

宋明「新儒家」到「現代新儒家」多持此說）。　其二，儒學在孔孟
那裡特別是在孟子那裡，突出的是「民貴君輕」的民本主義和「威
武不能屈」的獨立人格，這和前一點「仁」的精神、道德主體具有
內在聯繫，因此也應被視為儒家本色，而荀子對守「禮」循「法」
的強調，對維護等級統治秩序的關注，顯然有違儒家「仁者愛人」
的溫情和道德主體的尊嚴（近代以來受民主意識和個性自由之說薰
陶的知識分子猶多持此說）。

　　然而，通過前面的論說（特別是比照孟荀的論說），　應該不難
發現，依上述兩點而對荀子提出的責難，其實很難成立。就第一點
來說，我們看到，荀子在有關王霸、仁禮等儒家基本政治範疇的詮
釋上，根本沒有背離孔孟以來的倫理政治原則，完全符合「仁」的
精神，「行一不義，殺一無罪，而得天下，仁者不為也」 ❽、「王者
先仁而後禮」 ❽，不是說得明明白白嗎！這樣的語言、態度，其堅
守和發揚儒的真精神——「仁」的徹底性，應說是不讓孟子。荀子
恪遵儒家仁道，並不限於隻言片語，無論探討甚麼問題，只要涉及到
與「仁」的關係，荀子都十分明確地將「仁」置於價值選擇的首位，
此可證諸《荀子》全書，足以表明荀子對儒家最高價值——「仁」
的信守不渝。荀子所謂「君子養心，莫善於誠。……唯仁之為守，
唯義之為行。誠心守仁，則形，形則神，神則能化矣」 ❽亦表明，
他并非全然沒有注意到「仁」的精神由內而外的培育、實踐。當然，
荀子與孟子在對儒家基本價值系列的闡揚上，亦有重大區別。荀孟
區別簡而言之便是：孟子重道德，荀子重道德還重政治；孟子重「內

---

❽　《荀子·王霸》。

❽　《荀子·大略》。

❽　《荀子·不苟》。

聖」，荀子重「內聖」還重「外王」； 孟子重「仁」，荀子重「仁」
還重「禮」； 由於時代情勢的原因，荀子往往通過政治來證道德，
通過「外王」來證「內聖」，通過「禮」來證「仁」。這一思想態勢
非但不違背儒的基本精神，相反倒正是在新的時代情勢中發揚儒的
基本精神的必由之途。就思想取向本身的社會價值來說，荀學的所
謂外向態勢則適如李師澤厚所評析的那樣——「『外王』比『內聖』
具有更為充分的現實實踐品格，也是更為基礎的方面。人類的心理、
道德是在外在實踐活動基礎之上才能形成并逐漸內化、凝聚和積澱
的。所以荀子強調的方面，實際是更為根本的一面。」❽

　　就第二點來說，荀子之隆君權、固一尊、重法度、講刑名，固
與民主精神相悖；但與民主精神相悖，不等於與民本精神相悖，因
為近代民主精神與古代民本精神實在還有重大的區別。我在別處曾
論及古代民本主義與近代平民意識（即民主精神）的三點區別：

　　一、前者要求保障平民經濟權益卻維護政治等級秩序，後者
　　　　則進而要求政治平等。
　　二、前者要求給予平民受教育的機會卻只准其接受封建道德
　　　　教化，後者則進而要求思想自由。
　　三、前者強調平民是社會的基本存在卻視其為被動的群
　　　　體，後者則力倡主體性的個性解放。❽

　　概言之，近代民主精神是人人平等，由民做主；古代民本精神
是人分等級，為民做主。孟子所體現的，只能是民本精神，而非民

---

　❽ 李澤厚：《中國古代思想史論》，人民出版社，1985年版，第115頁。
　❽ 拙著：《心學與美學》，中國社會科學出版社，1992年版，第142頁。

主精神，荀子之於儒的民本精神，亦力倡之。前述之「天之生民，非為君也；天之立君，以為民也」❽⁹、「以政裕民」❾⁰、「王者富民」❾¹，可說是十分鮮明地體現了民本精神，類似論說如「平政愛民」❾²、「庶人駭政，則莫若惠之」❾³，在《荀子》書中隨處可見。最典型的如：

> 不利而利之，不如利而後利之之利也；不愛而用之，不如愛而後用之之功也；利而後利之，不如利而不利者之利也；愛而後用之，不如愛而不用者之功也。利而不利也，愛而不用也者，取天下者也；利而後利之，愛而後用之者，保社稷者也；不利而利之，不愛而用之者，危國家者也。❾⁴

論者所謂荀子「陽儒陰法」、「狹隘酷烈」，大概多指荀子為維護政治統治秩序而主張採用嚴刑峻法，如荀子為「隆禮至法」而肯認「先時者，殺無赦，不逮時者，殺無赦」❾⁵之類。其實，荀子即便談到刑法問題，也基本上遵循著儒的政治道德要求。荀子論刑，當分四個層面，第一層面為刑必當罪——

> 刑當罪，則威；不當罪，則侮。……古者，刑罰不怒罪，爵

---

❽⁹　《荀子・臣道》。

❾⁰　《荀子・富國》。

❾¹　《荀子・王制》。

❾²　同上。

❾³　同上。

❾⁴　《荀子・富國》。

❾⁵　《荀子・君道》。

賞不踰德。❾❻

罪至重，而刑至輕，庸人不知惡矣，亂莫大焉。……殺人者死，傷人者刑，是百王之所同也，未有知其所由來者也。刑稱罪，則治；不稱罪，則亂。❾❼

聽政之大分：以善至者，待之以禮；以不善至者，待之以刑。❾❽

第二層面是盡量減少乃至避免刑罰的施用——

古者，帝堯之治天下也，蓋殺一人，刑二人，而天下治。❾❾

古者，……刑罰綦省，而威行如流；政令致明，而化易如神。❿⓿

第三層面是「教」與「刑」互補——

不教而誅，則刑繁而邪不勝；教而不誅，則姦民不懲；……❿❶

第四層面是「禮」為本，「刑」為末——

---

❾❻　《荀子・君子》。
❾❼　《荀子・正論》。
❾❽　《荀子・王制》。
❾❾　《荀子・議兵》。
❿⓿　《荀子・君子》。
❿❶　《荀子・富國》。

禮者，治辨之極也，強國之本也，威行之道也，功名之總也。王公由之，所以一天下也；不由，所以隕社稷也。故，堅甲利兵，不足以為勝；高城深池，不足以為固；嚴令繁刑，不足以為威。由其道，則行；不由其道，則廢。⑩

賞慶、刑罰、埶詐之為道者，傭徒鬻賣之道也，不足以合大眾，美國家。⑩

　　從以上對荀子論「刑」的紹述中可以看出，荀子所謂「刑」，乃維護社會正常秩序所必須設置的法度、手段，「殺人者死，傷人者刑」，到今天也是如此。如果說一談論「刑」、肯定「刑」，就是違背儒的精神，那麼孔子「為魯攝相，朝七日，而誅少正卯」⑩，認為「君子懷刑，小人懷惠」⑩，又怎樣解釋呢？孟子指摘「上無道揆也，下無法守也，……君子犯義，小人犯刑，國之所存者幸也」⑩，又怎樣解釋呢？儒家即便是孔孟也決不是一般地反對、否定「刑」、「法」，他們亦主張該用「刑」時必須用「刑」，該講「法」時必須講「法」，不過「刑」也好，「法」也好，都必須以「仁」、「義」、「禮」為本，必須以貫徹實現儒的道德價值、政治價值，亦即倫理政治要求為最高目的，「仁義」為先，「刑法」為後；「仁義」為本，「刑法」為末；前者無時不守之，後者不得已而用之，這就是儒對待「刑」、「法」問題的基本態度，荀子恰好堅持著這種態度，

⑩　《荀子・議兵》。
⑩　同上。
⑩　《荀子・宥坐》。
⑩　《論語・里仁》。
⑩　《孟子・離婁上》。

故荀子之談「刑」論「法」，並不違背儒的民本精神。「凡誅，非誅
其百姓也，誅其亂百姓者也」❿，在戰爭狀態中，荀子都如此主張，
足見其亦深懷儒的民本關注。

就道德主體的尊嚴來說，荀子亦不辱之，並且竭力伸揚之。如
他說：

> 義之所在，不傾於權，不顧於利；舉國而與之，不爲改視；
> 重死，持義而不撓，是君子之勇也。❽

此與孔子所謂「可以託六尺之孤，可以寄百里之命，臨大節而
不可奪也，君子人與？君子人也」❾，可謂同樣「君子」。

荀子又說：

> 君子無爵而貴，無祿而富，不言而信，不怒而威，處窮而榮，
> 獨居而樂，豈不至尊、至富、至重、至嚴之情舉積此哉？❿
> 仁之所在無貧窮，仁之所亡無富貴；天下知之，則欲與天下
> 同苦樂之；天下不知之，則傀然獨立天地之間而不畏。⓫

這樣的「君子」，與孔子眼中的「賢哉，回也」，孟子眼中的「大
丈夫」，不是亦頗相類嗎？孟子有「人皆可以為堯舜」⓬，荀子有「塗

---

❿　《荀子・議兵》。

❽　《荀子・榮辱》。

❾　《論語・泰伯》。

❿　《荀子・儒效》。

⓫　《荀子・性惡》。

之人可以為禹」⑬；孟子有「殘賊之人謂之『一夫』。聞誅一夫紂矣，
未聞弒君」⑭，荀子有「暴國、獨侈，安能誅之，必不傷害無罪之
民；誅暴國之君，若誅獨夫。……桀、紂無天下，而湯、武不弒
君」⑮。凡斯種種皆可表明，荀子在力倡道德主體的尊嚴和個體人
格的獨立方面，在對黑暗殘暴統治的抗爭上，實在可與孔孟相侔。
因此，前述針對荀子的兩點責難其實很難成立。

　　與前述責難荀子之兩點有關的一個重要問題，便是所謂荀子的
功利主義態度。觀乎《荀子》，確實處處大談功利，即便涉及「仁
義」這種根本的道德問題時，似乎也透出功利色彩──

> 仁義德行，常安之術也，然而未必不危也；汙僈突盜，常危
> 之術也，然而未必不安也。故君子道其常，而小人道其怪。⑯
> 凡兼人者有三術：有以德兼人者，有以力兼人者，有以富兼
> 人者。彼貴我名聲，美我德行，欲為我民，故辟門除涂以迎；
> 吾入，因其民，襲其處，而百姓皆安；立法、施令，莫不順
> 比。是故，得地而權彌重，兼人而兵俞強，是以德兼人者
> 也。⑰

　　這裡的問題是，著眼於功利是否就一定違背儒的精神？答案是

---

⑫　《孟子·告子下》。

⑬　《荀子·性惡》。

⑭　《孟子·梁惠王下》。

⑮　《荀子·正論》。

⑯　《荀子·議兵》。

⑰　《荀子·榮辱》。

否定的。儒家無論孔子還是孟子，都絕沒有一般地否定功利，儒家首先是孔孟對待功利的態度大致有兩個層面：其一，功利的獲取，必須符合道德要求。為了捍衛道德準則，不用說功利，就連生命也可以捨棄，此即孔子所謂「志士仁人，無求生以害仁，有殺身以成仁」[118]。但這顯然不意味著否定功利，而是在價值的等級系列上，道德高於功利。孔子說「不義而富且貴，於我如浮雲」[119]，這是說違背了道德準則的功利是沒有價值的（更準確地說，是由於下位價值否棄了上位價值，因而喪失了價值），但「義而富且貴」呢？孔子就不會說它「於我如浮雲」了。總之，功利追求只要不違背道德準則，便無可非議──「富與貴，是人之所欲也；不以其道得之，不處也」[120]，「以其道得之」，便是正當的了。

其二，民眾的利益是最應關注的大功利，保障民眾利益，亦即實現民眾的大功利，是儒家倫理政治孜孜以求的目標，因此，民眾大功利的落實，亦是儒家道德實踐的題中應有之義。這樣，在民眾利益這一最高政治目的中，儒的功利觀和道德觀便重合了，這是儒的功利觀和道德觀中最積極、最健康、最有社會價值的因素。在孔孟看來，如果一個國家的統治者能夠使民眾安居樂業，能夠視民眾利益為最高利益，那麼他所實施的，也就是「仁政王道」。他所推行的「普遍功利」的實現，便是儒的政治目的的實現，也就是儒的道德理想的實現。孔子許管仲為仁，是最突出的例子──

　　子路曰：「桓公殺公子糾，召忽死之，管仲不死。」曰：「未

---

[118]　《論語・衛靈公》。

[119]　《論語・述而》。

[120]　《論語・里仁》。

仁乎?」子曰:「桓公九合諸侯,不以兵車,管仲之力也。如
其仁,如其仁。」

子貢曰:「管仲非仁者與? 桓公殺公子糾,不能死,又相之。」

子曰:「管仲相桓公,霸諸侯,一匡天下,民到於今受其賜。
微管仲,吾其被髮左衽矣。豈若匹夫匹婦之為諒也,自經於
溝瀆而莫之知也?」㉑

從孔子對管子的態度可以看出,孔子絕不是一位死抱抽象倫理
教條的腐儒,而是將最高道德要求定位於民眾利益的「功利主義者」。
管子的事業使民眾免遭戰禍,得享和平生活,孔子認為這種最大的
功利就是最高的善,因此將輕易不曾許人的「仁」許給他。孔子與
冉有的對話亦頗能說明問題:

子適衛,冉有僕。子曰:「庶矣哉!」

冉有曰:「既庶矣,又何加焉?」曰:「富之。」

曰:「既富矣,又何加焉?」曰:「教之。」㉒

孔子的回答十分明確地點出,滿足民眾的物質功利需求是頭等
重要的,以此為前提和基礎才能談到對民眾的道德教育,是即所謂
「先富後教」,這一思想完全承襲了管子的功利主義政治觀:「凡治
國之道,必先富民」㉓。

孟子雖云「仲尼之徒無道桓文之事者」㉔,對管仲很不以為然

㉑　《論語・憲問》。

㉒　《論語・子路》。

㉓　《管子・治國》。

（「管仲，曾西之所不為也，而子為我願之乎？」**⑫**），但通覽《孟子》全篇，為民眾之利益大聲疾呼者，比比皆是，他和孔子一樣，也是將滿足民眾基本物質生活的大功利，視為頭等重要的大事，視為「仁政王道」的基本追求——

> ……是故明君制民之產，必使仰足以事父母，俯足以畜妻子，樂歲終身飽，凶年免於死亡；然後驅而之善，故民之從之也輕。
>
> 今也制民之產，仰不足以事父母，俯不足以畜妻子；樂歲終身苦，凶年不免於死亡。此惟救死而恐不贍，奚暇治禮義哉？王欲行之，則盍反其本矣：五畝之宅，樹之以桑，五十者可以衣帛矣。雞豚狗彘之畜，無失其時，七十者可以食肉矣。百畝之田，勿奪其時，數口之家可以無飢矣。謹庠序之教，申之以孝悌之義，頒白者不負戴於道路矣。七十者衣帛食肉，黎民不飢不寒，然而不王者，未之有也。**⑫**

這也完全是一篇「先富後教」的「功利主義」宣言。

由上可以見出，荀子的功利主義態度，並不違背儒的精神，和孔孟可說是若合符節。儒者「仁」的精神所顯發之人道情懷與民本主義，其出發點與落腳點皆重在民生——民眾生存之大功利，孔子特別強調這一點，他甚至認為圓滿地實現這個大功利是連「仁」都已超越的，從未有人達到的政治理想。如：

---

⑫　《孟子・梁惠王上》。

⑫　《孟子・公孫丑上》。

⑫　《孟子・梁惠王上》。

子貢曰：「如有博施於民而能濟眾，何如？可謂仁乎？」

子曰：「何事於仁！必也聖乎！堯舜其猶病諸！」⑫

重視民生功利，可謂孔孟荀一以貫之，奈何荀子重功利便為異端乎？

這裡還有一個十分重要的問題，便是孔子嘗謂：「仁者安仁，知者利仁」⑫，那麼以「仁義德行」為「常安之術」，主張「以德兼人」的荀子，是否只是一個「利仁」的「知者」，而夠不上「安仁」的「仁者」？這個問題涉及到荀子思想的基本的品味、取向與風格，故不能不辨。

首先應該指出，荀子未嘗不「安仁」。如他所謂「君子貧窮而志廣，隆仁也」⑫、「唯仁之為守，……誠心守仁」⑬、「君子之行仁也無厭，志好之，行安之，樂言之」⑬等等，均為「安仁」，即以「仁」為安身立命之本，為道德行為之根，這裡的「仁」，尚未與功利發生關係，表明荀子文化生命之底蘊，仍為一仁者情懷。但荀子確乎比孔子更重視「知」。孔子雖然講「知者不惑，仁者不憂，勇者不懼」，似乎「三達德」（《中庸》）平等，但他卻更講「擇不處仁，焉得知」⑬，明顯地將「仁」作為「知」的前提，作為「知」

⑫　《論語・雍也》。

⑫　《論語・里仁》。

⑫　《荀子・修身》。

⑬　《荀子・不苟》。

⑬　《荀子・非相》。

⑬　《論語・里仁》。

的上位價值。荀子雖未必反對孔子此說（如「孔子仁知且不蔽」**⑬**
的說法，以及將「知」分為「聖人之知」、「士君子之知」、「小人之
知」、「役夫之知」**⑬** 等），但卻更強調「仁」與「知」的互為條件
——

　　　　知而不仁，不可；仁而不知，不可；既知且仁，是人主之寶
　　　　也，而王霸之佐也。**⑱**

　　在荀子這裡，「知」與「仁」互為條件並不是從道德價值系列
上提升「知」使之與「仁」平等，而是從道德主體實踐上強調其可
行性，亦即「仁」是「知」的目的，「知」則是「仁」所由實現的
必由之路、必備條件。如他說：

　　　　知者之言也，慮知，易知也；行之，易安也；持之，易立也。
　　　　成，則必得其所好，而不遇其所惡焉。**⑱**

　　「易知」、「易安」、「易立」，均是指出只有「知者」方能更有
效地貫徹儒的道德實踐，更進一層，荀子還認為符合儒的道德準則，
以實現儒的政治理想為目的的「知」本身就是一種道德智慧、道德
目的。如他說：

---

⑬　《荀子・解蔽》。

⑬　《荀子・性惡》。

⑬　《荀子・君道》。

⑬　《荀子・正名》。

有聖人之知者，有士君子之知者，有小人之知者，有役夫之知者。多言，則文而類，終日議其所以，言之千舉萬變，其統類一也，是聖人之知也。少言，則徑而省，論而法，若佚之以繩。是士君子之知也。其言也諂，其行也悖，其舉事多悔，是小人之知也。齊給便敏而無類，雜能旁魄而無用，析速粹孰而不急，不恤是非，不論曲直，以期勝人為意，是役夫之知也。⑬

血氣之精也，志意之榮也，百姓待之而後寧也，天下待之而後平也。明達純粹而無疵。夫是之謂君子之知。⑬

「聖人之知」、「士君子之知」、「君子之知」的「知」，便是前述與「仁」互為條件的「知」。 它一方面是實現「仁」的「要件」，另方面又由於浸潤著道德的精神，亦即附麗著道德的目的性而自身也成為道德的範疇。這裡有兩點值得注意：

其一，荀子所推重的仍是體現、追求儒的道德理想、政治理想的「知」，而非其他意義的「知」（例如荀子也曾論列的純粹感官知覺的「知」，即「心有徵知」⑬之類），對有違儒家倫理政治意旨的「知」荀子則竭力辟之，如上述「小人之知」、「役夫之知」，再如「知而險」、「知而無法」⑭之類。

其二，荀子所推重的「知」儘管具有濃厚的道德意味，但它主要不是指向內省的道德體驗⑭，而是更關注外在的政治事功，亦即

---

⑬　《荀子・性惡》。

⑬　《荀子・賦》。

⑬　《荀子・正名》。

⑭　《荀子・非十二子》。

在荀子這裡，「知」主要是將倫理準則貫徹於、外化於政治實踐、社會實踐的主體條件——將「內聖」化為「外王」的主體條件。因此才有「百姓待之而後寧」、「天下待之而後平」。

從以上論析可以見出，荀子十分重視道德實踐的現實可行性，十分重視道德實踐向著政治領域的落實，亦即「內聖」向著「外王」的落實，他推重上述意義的「知」，其實就已將關注的取向，由返歸內心的道德省悟轉換為投入現實的政治實踐。這樣一種「外王」的取向或轉換，可說是既維護了儒的道德準則，又切合戰國末期的時代情勢，它充分地體現了荀學的現實品格。荀學的這種現實品格在當時可說是關乎著儒的命運，關乎著儒能否在時代的巨變中仍舊煥發其生命力。荀子開啟漢儒，其功端在於茲。「二千年之學，荀學也」，譚嗣同在否定意義上說出的這句話，卻也道出了中國儒學史與中國政治史的一個基本關係、基本事實：荀學才是二千年封建社會政治實踐中活著的儒家。荀學這一地位與作用，當然有其嚴重的負面性，此點容後再述，這裡只擬指出，正是荀學所代表、所體現的現實實踐品格即「外王」努力，才使得儒家的倫理政治主張真正落實於社會政治領域，才使得儒家歷經數千年而煥發出現實的生命力。後儒（宋明理學乃至「現代新儒家」等）詬病荀子，直指其「外王」取向，他們的成見其實是忽視了儒家倫理政治思想如何真

---

⑭　當然也有這一面，如《荀子・子道》嘗錄云：「子路入。子曰：『由！知者若何？仁者若何？』子路對曰：『知者使人知己，仁者使人愛己。』子曰：『可謂士矣。』子貢入。子曰：『賜！知者若何？仁者若何？』子貢對曰：『知者知人，仁者愛人。』子曰：『可謂士君子矣。』顏淵入，子曰：『回，知者若何？仁者若何？』顏淵對曰：『知者自知，仁者自愛。』子曰：『可謂明君子矣。』」

正地貫徹於現世社會的可行性問題。他們一味地高揚孟子、否棄荀子，其結果往往是將儒的道德理想、政治信念變成了抽象的議論、空洞的教條，甚至走向神秘主義的宗教化。「平時袖身談心性，臨危一死抱君王」， 就是這種迂腐傾向的弊端、危害的形象寫照。李師澤厚談到荀學的積極意義時曾經指出：

> 荀子儘管少講先驗道德和心理情感，卻仍然突出了孔門「積善而不忘」的樂觀奮鬥精神。他斥責「老子有見於詘不見於信」，堅決肯定人類主體的實踐力量，強調「與天地參」的人生理想，它是冷靜理知而又樂觀積極的。也正是這種對待自然的積極改造的思想，使傳統的「天人合一」觀念中原來具有的宗教神秘性質的情感因素，獲得了真正現實的物質實踐基石，而為後世許多獻身現實改革的仁人志士所承繼。這便是荀子的偉大貢獻所在。⓮

李師澤厚對荀學積極意義的評價，十分允當。正是由於荀學既堅守儒家政治理想又十分重視其現實實踐的可行性，才使得儒學作為一種倫理政治哲學在二千年封建政治實踐中產生了巨大的影響和切實的作用。這種影響和作用有積極的一面（如民本主義、如德治思想），也有消極的一面（如專制主義、如等級思想），但無論是積極面還是消極面，都為包括孔孟在內的整個儒家所固有，而非荀子所獨出。荀子的貢獻就在於他扭轉了，或者說是防止了儒家思想歸於內縮自省道德體驗之準宗教傾向，而放眼於廣闊的現實世界、放眼於大時代，清醒、堅定地將儒家的道德實踐、政治抱負投向、落

⓮ 李澤厚：《中國古代思想史論》，人民出版社，1985年版，第120頁。

實於外在社會的各個領域。「內聖」必須能夠做成「外王」，才具有現實的意義。「現代新儒家」重鎮牟宗三先生嘗力主「內聖」開出「外王」說，固是欲為儒家激活新生命，殊不知早在原儒那裡，荀子就已確立了「內聖」開出「外王」的理論架構與實踐取向。當然牟先生的思考與荀子的理路其立足基點大相逕庭（牟先生是「良知自我坎陷」，荀子是「學」與「偽」），但既堅守「內聖」又著力「外王」的荀子屢遭「新儒家」乃至「現代新儒家」的訴病，卻不能不令人徒生不平之嘆，無獨有偶，學界如斯，政界亦如斯。數千年封建政治，其意識形態支柱籠而統之可稱儒家思想，但實際上真正可操作從而貫徹實施的還是儒家思想中的荀學一路，由此可見荀學實在是兼具生命力、包容性、可行性與適應性的理論學說。然而在數千年封建社會，歷代統治者亦多褒揚孔子（宋以後還有孟子），彷彿他們所標榜崇奉施行的只是以孔孟為代表的儒家思想，而與荀子無關。這不能不說是荀子所特有的理論命運的悲劇。為何實用荀子，卻偏偏要獨尊孔孟呢？這其實是出於一種粉飾性的政治需要。孔孟講仁政王道，也講統治秩序，但對後者多著眼於「君君，臣臣，父父，子子」的倫理秩序到政治秩序的泛泛談論，而沒有具體展開如何貫徹其倫理政治秩序的方略，因而孔孟的思想主張從整體上看具有濃厚的仁民、體民恤民的色彩，又不失倫理政治的尊嚴權威，故統治者願標榜之。而荀子盡管在一般的倫理政治準則、在道德理想與政治理想上與孔孟毫無二致，但由於他又是一位富於現實實踐品格的思想家，這種個人理論品格再加上時代情勢需要，遂使得荀子在如何貫徹儒家倫理政治準則上頗費心思，做了大量探討。也就是說，荀子除了堅守仁政王道外，還大量地論說了如何維護「君君、臣臣、父父、子子」之倫理政治統治秩序的方略、手段一面。這方

面一展開，就必然暴露出階級統治之無情殘酷權術的一面，如荀子嘗言：

> 夫民易一以道，而不可與共政。故明君監之以勢，道之以道，申之以命，章之以論，禁之以刑，故其民之化道也如神。❸

　　這其實就是孔子的「民可使由之，不可使知之」但荀子講的更峻酷露骨，更直接地表明其思想統治的政治目的，如此等等，

　　統治者出於一種政治偽善的需要，自不會大張旗鼓地標舉荀學。要而言之，孔子論政，只談「為政以德」，孟子論政，只談「仁政王道」， 他們只是提出了儒家倫理政治的基本原則。荀子論政，則廣泛複雜具體得多，他不僅要一般地堅持儒的倫理政治原則，還要具體地闡釋政治實踐的方方面面。這就不能不涉及統治術，例如他論「君道」曰：

> 牆之外，目不見也；里之前，耳不聞也；而人主之守司，遠者天下，近者境內，不可不略知也。天下之變，境內之事，有弛易齵差者矣，而人主無由知之，則是拘脅、蔽塞之端也。耳目之明，如是其狹也；人主之守司，如是其廣也；其中不可以不知也。如是，其危也。然則，人主將何以知之？曰：便嬖左右者，人主之所以窺遠、收眾之門戶牖嚮也。不可不早具也。故人主必將有便嬖左右足信者，然後可；其知惠足使規物，其端誠足使定物，然後可。夫是之謂國具。❹

---

❸　《荀子·正名》。

❹　《荀子·君道》。

　　所謂「國具」，　意即國家工具。荀子從統治術的角度大量地論
說國家工具亦即政治手段層面的問題。此確為孔孟所不屑道，「便
嬖左右」確乎屬於政治道德信念不與關注的「低層次」問題，但此
又為貫徹任何政治主張、實現任何國家理念、維持任何政治秩序所
必須。適應時代需要、關注現實政治實踐的荀子，不能不充分地討
論這方面的問題。對此，自不該不加分析地目之為違背儒家倫理政
治準則，相反，倒應該視其為將儒家倫理政治準則落實於現實政治
層面的工具、途徑、手段、保障⑭。試想，如果只是象孟子那樣進

---

⑭　當然，這裡還有另外一種情況，即《荀子》書中載有所謂「做官之術」
　　的言論。如：「主尊貴之則恭敬而傅，主信愛之則謹慎而嗛，主專任
　　之則拘守而詳，主安近之則慎比而不邪，主疏遠之則全一而不倍，主
　　損絀之則恐懼而不怨。貴而不為夸，信而不處謙，任重而不敢專。財
　　利至則善而不及也，必將盡辭讓之義然後受。福事至則和而理，禍事
　　至則靜而理。富則施廣，貧則用節。可貴可賤也，可富可貧也，可殺
　　而不可使為姦也。是持寵處位終身不厭之術也。雖在貧窮徒處之執亦
　　取象於是矣。夫是之謂吉人。」(《荀子・仲尼》)以上所說，儘管亦有
　　未可厚非之處（如「主信愛之則謹慎而嗛」云云），　亦有十分正當之
　　處（如「可殺而不可使為姦」），但整個地看，確乎頗類明哲保身之「太
　　平宰相」、唯唯諾諾之「妾婦之道」。這種態度自然與原儒標榜的道德
　　尊嚴、政治節操正相反對，與孔子之「士可殺不可辱」、「三軍可以奪
　　帥，匹夫不可以奪志」，更與孟子之「說大人則藐之，無視其巍巍
　　然」、「君之視臣如草芥，臣之視君如寇仇」不可同日而語。但這種態
　　度亦為荀子自己所明確反對，如他在〈君道〉中抨擊「巧敏佞說，善
　　取寵乎上」之「態臣」、「偷合苟容，以之持祿養交」之「下忠」，便都
　　是反對這種態度。之所以出現這種矛盾的言論，與〈仲尼〉篇為「弟
　　子雜錄」有關，此點郭沫若考之甚詳（見所著《十批判書・荀子的批
　　判》）。　順便說及，郭沫若同文論荀學於後世之命運，亦頗有趣成理：

行道德批判（這自然有其倫理性的偉大尊嚴的一面）、政治批判（這
自然顯示出抨擊黑暗政治的正義力量）和社會批判（這自然放射出
民本主義的感人光芒），　而不屑於具體地討論如何落實理想政治主
張的「工具」層面的問題，那麼，再好的政治主張，又如何貫徹實
施呢？

　　荀子、孟子，有如儒家中的雙峰並峙，二水分流，然而又殊途
同歸，大本處未始有異。如果說孟子高揚了「內聖」之道德主體尊
嚴，那麼荀子則貫徹了「外王」之政治客觀事功；如果說孟子從情
感上為儒家的倫理政治宣示了心理依據，那麼荀子則從理知上為儒
家的倫理政治論證了歷史可能；如果說孟子著眼於個體自覺來追求
儒的政治理想，那麼荀子則著眼於群體規範來建構儒的政治秩序。
不過荀子不是否棄「內聖」，　也不是否棄政治理想，他所謂「非聖
人莫之能王」**⑭**，足以為證。前已論及，在王霸等根本的政治模式
問題上，荀子毋寧說和孟子是十分接近的。孟荀政治見解的差異，
不在本而在末，孟荀之別與儒的基本文化理念有直接聯繫。儒的基
本文化理念，一為「仁」，一為「禮」，對二者之關係，今人牟鐘鑒
先生嘗有精彩論說：

　　　　儒學是一種倫理型的人學，……在儒家倫理型人學內部有兩

　　「然而文廟裡面的冷豬頭肉才沒有荀子的份，這怕就是那些言『術』
的竄雜成分（按指『弟子雜錄』之為官之術），　那些『術』本來是後
代的官僚社會的渡世梯航，儘管人人都在遵守，然而卻是不好見天日
的東西，於面子問題大有關礙。就這樣，荀子便只能做狗肉，而不能
做羊頭了。」論說固極精彩，然而郭氏自己倒駕輕就熟於那「渡世梯
航」，可惜哉！可笑哉！可悲哉！

⑭　《荀子・正論》。

大支柱：一曰仁學，二曰禮學。仁學是儒家人學的哲學，是它的內在精髓；禮學是儒家人學的管理學和行為學，是它的外在形態。仁學和禮學本來應該是結合在一起的，但在事實上又常常是分離的，其結果禮學脫離了仁學的基礎便會走向煩瑣化和形式化，仁學脫離了禮學也很難規範社會的行為。❿

　　如果說孟子著力發展了「仁學」，那麼荀子則著力發展了「禮學」；然而荀子發展「禮學」，卻沒有忘記、沒有否棄「仁學」，「仁學」和「禮學」在荀子那裡，倒是在很大程度上「結合在一起」。由於荀學既重視維護「儒家人學」的「哲學」、「內在精髓」——「仁學」，又重視把握儒家的「管理學和行為學」、「外在形態」（按即「政治學」），所以就較之孟子的主張具有更大的包容性、現實性、適應性、可操作性。比較一下《史記》對孟荀的介紹，當能對此獲得某種領悟。《史記》介紹孟子說：

　　……道既通，游事齊宣王；宣王不能用。適梁，梁惠王不果所言，則見以為迂遠而闊於事情。當是之時，秦用商君，富國彊兵；楚魏用吳起，戰勝弱敵；齊威王宣王用孫子田忌之徒，而諸侯東面朝齊。天下方務於合從連衡，以攻伐為賢。而孟軻乃述唐虞三代之德，是以所如者不合。退而與萬章之徒，序詩書，述仲尼之意，作《孟子》七篇。❿

❿　牟鐘鑒：〈儒家人學的演變與重建〉，見《哲學研究》1993年，第10期。
❿　《史記・孟子荀卿列傳》。

又介紹荀子說:

> ……齊襄王時,而荀卿最為老師。齊尚修列大夫之缺,而荀
> 卿三為祭酒焉。齊人或讒荀卿,荀卿乃適楚,而春申君以為
> 蘭陵令。春申君死而荀卿廢,因家蘭陵,李斯嘗為弟子,已
> 而相秦。荀卿嫉濁世之政,亡國亂君相屬,不遂大道,而營
> 於巫祝,信禨祥。鄙儒小拘,如莊周等,又滑稽亂俗。於是
> 推儒墨道德之行事興壞,序列著數萬言而卒,因葬蘭陵。⑭

從《史記》的介紹看,孟子是到處碰壁,十分不順,政治主張
根本無法實現,最後只能退而求其次——著書立說,「立功」不成,
只好去「立言」了。⑮荀子最後的結局固然也和孟子一樣,「立言」
以終其生,但他一生較孟子就幸運多了,曾經三次擔任齊國的「社
會科學院院長」,還當上了楚國的一縣之長。他的失勢大半是出於個
人的偶然的原因(「齊人或讒荀卿」、「春申君死而荀卿廢」),而不
是出於政治主張不合時宜。孟子當時固為「顯學」領袖(「後車數
十乘,從者數百人」),但由於其政治主張「迂遠而闊於事情」,故而
遭到普遍反對,其政治實踐完全是無功而返。荀子則顯然比孟子更
能適應時代情勢的需要(盡管他也「嫉濁世之政,亡國亂君相屬,
不遂大道」),因而也在一定程度上受到統治者的歡迎,直接參與了
齊、楚等國的政治活動。孟荀二人生時的境遇即很不同,這種不同

---

⑭　《史記・孟子荀卿列傳》。

⑮　儒家講「三不朽」:「太上有立德,其次有立功,其次有立言」。在這
　　個價值系列中,「立言」尚在「立功」之後,就是說,事業不順,最
　　倒楣了,才回來,著書立說——「立言」。

並不表明二人思想理論原則有根本歧義，而只表明荀子學說較之孟
子學說更能夠適應時代而變通策略，更符合政治實踐的操作需要。
唯其如此，兩漢以降，封建政治實用者多荀學，孟子始終不過是口
頭上的點綴，到了明代惡性膨脹皇權的朱元璋那裡，連這個點綴也
不要了。數千年來，諸儒多從道德哲學的角度褒孟貶荀，而很少從
政治哲學的角度對孟荀做一客觀評價。倒是明末那位「異端」思想
家李卓吾出語驚人，對孟荀做了與眾不同的評價，他認為荀子「更
通達而不迂，不曉當時何以獨抑荀而揚孟」，甚至建議將「孟荀」
改為「荀孟」 **⑮**。

　　從近代啟蒙主義的角度看，從現代民主政治的角度看，荀子的
政論固多「封建糟粕」，他不厭其煩地論證以封建等級制為基礎的
「禮教」的合理性，今天看來尤其令人生厭（「五四」反「禮教」
首先應該針對的是荀子，而不應是孔子，不知此對於荀子來說，是
幸耶，還是不幸），但從歷史的「合理性」的角度來看，從儒家倫
理政治哲學的實踐成功度來看，荀子政論，應說是既具理論的完整
性和深刻性，又具歷史的預見性和適應性的傑出學說。如此評價，
或許才算是對待思想文化遺產的客觀歷史態度。

---

⑮　李贄：《藏書》卷三十二〈荀卿傳〉。

第六章　荀子的名學

　　本書第二章嘗簡略地考察了荀子與名家的關係。一般地講，荀子從儒的文化價值觀出發，對名家的純邏輯取向採取了否定的態度。在他看來，凡和儒的政治——倫理——文化價值無關者，均無意義、均無價值。因此，儘管名家的許多命題為「說之難持者」，然而「君子不貴」，因其「非禮義之中」❶。

　　但由於時代與個人兩方面的原因，荀子又十分重視名學，他反對名家，是由於名家那種純邏輯的興趣與儒的旨歸大相逕庭；他又重視名學，則是由於在他所處的時代，依託於邏輯的「辯」已經成了推行政治主張的基本手段，這種時代的需要再合以荀子的理性態度、理論興趣、理智取向，便成就了荀子特有的名學。從孔子的「訥於言而敏於行」到孟子的「予豈好辯哉，予不得已也」，再到荀子的「君子必辯」，既體現了時代運行的軌跡，又體現了個人性格的差異。因此，荀子儘管仍高唱著「小人辯，言險；而君子辯，言仁」❷、「言而非仁之中也，則其言不若其默也，其辯不若其吶也」❸，他自己卻終於成了儒家中最講邏輯、最重視「辯」的名學大師。

---

❶　《荀子・不苟》。

❷　《荀子・非相》。

❸　同上。

一、正名——儒者之辯

名即概念。在名家的眼裡，概念是純邏輯的概念，名家從概念出發形成了許多看似詭辯遊戲實則包含有寶貴邏輯思想的命題（惠施、公孫龍的許多判斷如「今日適越而昔來」、「一尺之棰，日取其半，萬世不竭」等在極度缺乏純邏輯興趣的中國思想史中，總是顯得那麼獨特而耀眼）；　在儒家的眼裡，概念則是道德倫理的概念，故「名」即「名分」。從孔子開始，儒即有「正名」的要求，「正名」當然是要求準確地使用概念，因此應該有邏輯層面的意味，但孔子的「必也正名乎」❹卻完全是指向一種倫理政治目的——

> 名不正，則言不順；言不順，則事不成；事不成，則禮樂不興；禮樂不興，則刑罰不中；刑罰不中，則民無所措手足。故君子名之必可言也，言之必可行也。君子於其言，無所苟而已矣。❺

孔子對語言的要求非常嚴格，但這不是邏輯意義上的嚴格，而是倫理意義上的嚴格，故他又說「唯器與名不可以假人。」❻他的「正名」，不過就是「君君，臣臣，父父，子子。」❼孟子完全繼承了孔子的正名主張，所謂「予豈好辯哉，予不得已也」，　完全是一種倫

---

❹　《論語・子路》。

❺　同上。

❻　《左傳・成公二年》。

❼　《論語・顏淵》。

理政治意義上的「不得已」，故其「正名」之「辯」，亦不過是指出「無父無君，是禽獸也。」 馮友蘭先生嘗謂「孔孟之正名，僅從道德著想，故其正名主義，僅有倫理的興趣，而無邏輯的興趣」❽，此說至當。那麼荀子呢？

如前所述，荀子既堅守儒的道德標準又具有邏輯興趣，這在儒家中可謂獨樹一幟。《荀子》書中專有〈正名〉篇，集中地體現了荀子名學的特色。首先應注意，荀子的名學明確地繼承了孔孟式的正名主義，亦即以道德旨歸、倫理政治要求為正名之目的——

> 王者之制名，名定而實辨，道行而志通，則慎率民而一焉。故，析辭擅作名，以亂正名，使民疑惑，人多辨訟，則謂之大姦；其罪猶為符節、度量之罪也；故其民莫敢託為奇辭，以亂正名。故其民慤。慤，則易使；易使，則公；其民莫敢託為奇辭以亂正名。故壹於道法，而謹於循令矣。如是，則其迹長矣。迹長，功成，治之極也。是謹於守名約之功也。今，聖王沒，名守慢，奇辭起，名實亂，是非之形不名，則雖守法之吏，誦數之儒，亦皆亂也。若有王者起，必將有循於舊名，有作於新名。然則所為有名，與所緣以同異，與制名之樞要，不可不察也。❾

由於一開始就抱著如此明確具體強烈的倫理政治目的，荀子的名學邏輯便不可能充分展開，他在這方面的成就也就比不上墨家。墨家本和荀子一樣，站在常識的立場上，力辟專和常識唱反調的名

---

❽　馮友蘭：《中國哲學史》上冊，中華書局，1961年版，第373頁。

❾　《荀子·正名》。

家，但由於墨家特別是後期墨家（以《墨經》為代表）格外重視「辯」，　邏輯上用功尤勤，故較荀子有著更豐富、更純粹的邏輯思想。《墨經》幾乎是逐條地系統駁斥名家惠施、公孫龍的名學命題，故真正與名家旗鼓相當地對壘，以邏輯對邏輯、以名辯對名辯的交鋒者，當屬後期墨家。荀子對名家的駁斥，如本書第二章所介紹的那樣，不過是站在儒家倫理政治的立場上所進行的泛泛的道德批判，「正名」到了荀子這裡，仍舊是儒者之辯，但由於畢竟是在批判名家，故不能不觸及邏輯問題，批判對象的制約再加上時代的要求與個人的秉賦，使得荀子儘管不能跳出儒的道德立場，卻也不能不使自己的論說帶上某種程度的邏輯色彩，不能不使自己的敘述更加條理化、系統化、精確化（較之孔孟），　特別值得注意的是，「正名」——儒者之辯也就不能不在一定意義上轉換為「名實」——邏輯之辯。

二、名實——邏輯之辯

荀子最精彩的名學之論，是下面的一段話——

異形，離心交喻；異物，名實玄紐。貴賤不明，同異不別，如是，則志必有不喻之患，而事必有困廢之禍。故，知者為之分別，制名以指實。上以明貴賤，下以辨同異，貴賤明，同異別，如是，則志無不喻之患，事無困廢之禍，此所為有名也。

然則，何緣而以同異？曰：緣天官。凡同類同情者，其天官之意物也同。故，比方之疑似而通，是所以共其約名以相期

也。形、體、色、理，以目異；聲音、清濁、調竽、奇聲，以耳異；甘、苦、鹹、淡、辛、酸、奇味，以口異；香臭、芬鬱、腥臊、洒酸、奇臭，以鼻異；疾養、滄熱、滑鈹、輕重，以形體異；說故、喜怒、哀樂、愛惡、欲，以心異。

心有徵知。徵知，則緣耳而知聲可也，緣目而知形可也。然而，徵知，必將待天官之當簿其類，然後可也。五官簿之而不知，心徵之而無說，則人莫不然謂之不知。此所緣而以同異也，然後隨而命之，同則同之，異則異之；單足以喻，則單；單不足以喻，則兼；單與兼無所相避，則共；雖共，不為害矣。

知異實者之異名也，故使異實者莫不異名也，不可亂也；猶使異實者莫不同名也。故萬物雖眾，有時而欲徧舉之，故謂之物；物也者，大共名也；推而共之，共則有共，至於無共，然後止。有時而欲徧舉之，故謂之鳥、獸；鳥、獸也者，大別名也；推而別之，別則有別，至於無別，然後止。

名無固宜，約之以命。約定俗成，謂之宜；異於約，則謂之不宜，名無固實，約之以命。實約定俗成，謂之實名。名有固善。徑，易，而不拂，謂之善名。❿

　　從這一段話可以見出，荀子的名學以認識論為根據，又摻進了倫理學。認識論、倫理學、邏輯學共冶一爐，表明荀子的名學不可能是純粹的邏輯討論。但這段話的倫理學色彩顯然極為淡薄，而主要是從認識功能的考察出發引出邏輯問題，突出地體現了荀子的邏輯興趣。

---

❿　《荀子・正名》。

　　荀子名學首先注意的是名實問題，這固然有孔子「正名」的底子。在這裡，名實問題的提出首先是出自倫理學的需要（「上以明貴賤」），其次則是出自認識論的需要（「下以辨同異」），至於邏輯學的需要，係由前二者引申而出，本來並非討論的重心，但由於名實問題客觀上具有重大的邏輯意義，於是出於為倫理服務的目的，也出於理知的自覺要求，荀子在深入討論名實問題時，反而主要地傾斜於邏輯方面。

　　名實問題，是一個邏輯世界和現實世界對應的問題，是一個語言系統和社會系統對應的問題。前者是符號，後者是存在；前者是能指，後者是所指，二者的關係其實是一種最基本的文化關係，因此一直為思想家們分別從不同的角度所注意、所探討。西方中世紀經院哲學「唯名論」與「唯實論」之爭，是十分著名的例子，而現代語言哲學——分析哲學更是充分系統地討論了相關問題。在中國，從孔子的「正名」開始，名實問題就被限制在倫理範圍內討論，而剝離了它原本具有的邏輯含義，這從一個特定角度體現了中國思想文化的「類型」弱點。明乎此，則荀子討論名實問題所表現出來的邏輯取向，就顯得尤為可貴。

　　荀子對名實問題的討論，基於一種感性的、經驗的認識論(所謂「緣天官」、「心有徵知」、「徵知，必將待天官之當簿其類」)，但在此基礎上提出的「制名以指實」，則表明荀子認識到語言系統、邏輯系統的主動性的文化意義。先有「徵知」，先有「類」，亦即先有「實」，然後才有「名」。然而「名」一出現，就具有了「指實」的巨大功能。這種「指實」包含著「約定俗成」的文化創造，因此它是積極地、主動地整理、分類、範圍、規劃，而不只是消極地、被動地反映現實世界、對象系統，這就凸顯出邏輯、語言作為「能

指」之文化符號的獨特意義。「單足以喻，則單；單不足以喻，則兼」云云，便是這種獨特意義的具體表現。更值得注意的是，由邏輯、語言作為「能指」的主動意義出發，荀子提出「共名」與「別名」的概念分類思想，他的概念分類與西方邏輯學史上著名的「樸爾斐利之樹」頗有異曲同工之妙。所謂「樸爾斐利之樹」乃邏輯學家樸爾斐利對概念類屬關係的形象表述——

　　荀子所謂「共名」為上位的種概念，所謂「別名」則為下位的屬概念。「樸爾斐利之樹」中的「本體」和「人類」，用荀子術語表述，即為「大共名」、「大別名」，其他概念如「物質」、「生物」、「動物」等，對上位概念言之為「別名」，對下位概念言之則為「共名」❶。「樸爾斐利之樹」上位方向之邏輯關係與下位方向之邏輯關係，適如荀子所說「推而共之，共則有共，至於無共，然後止」、「推而別之，別則有別，至於無別，然後止」。荀子的概念分類，顯然是針對名家兩大代表惠施與公孫龍，「共名」與「別名」之邏輯關係的揭示，既否定了惠施的「合同異」，又否定了公孫龍的「別共離異」。荀子就此更進一步分析道：

　　　物有同狀而異所者，有異狀而同所者，可別也。同狀而異所者，雖可合，謂之二實。狀變而實無別，而為異者，謂之化；

<hr>

❶　參見馮友蘭先生著：《中國哲學史》第十二章之相關紹述。

有化而無別，謂之一實。此事之所以稽實，定數也。此制名
之樞要也。後王之成名，不可不察也。⑫

這段話從邏輯角度闡釋「同」、「異」之邏輯關係，落腳處卻在
「名」、「實」，最後一句話則表明了荀子論說邏輯的倫理政治動機。
所謂「名實」問題，在荀子這裡，是邏輯問題，更是倫理政治問題。
我們看他從「名實」角度提出的著名的辟「三惑」——

「見侮不辱」、「聖人不愛己」、「殺盜，非殺人也」；此惑於
用名以亂名者也；驗之所以為有名，而觀其孰行，則能禁之
矣。「山淵平」、「情欲寡」、「芻豢不加甘，大鍾不加樂」；此
惑於用實以亂名者也；驗之所緣無以同異，而觀其孰調，則
能禁之矣。

「非而謁」、「楹有牛」、「白馬非馬也」；此惑於用名以亂實
者也；驗之名約，以其所受，悖其所辭，則能禁之矣。

凡邪說、辟言之離正道而擅作者，無不類於三惑者矣。故，
明君知其分，而不與辨也。⑬

從荀子引用批判的言論來看，他之辟「三惑」除了抨擊名家之
惠施、公孫龍外，將墨家也引為抨擊的對象。而實際上他所引來批
判的後期墨家「殺盜非殺人」的邏輯命題，恰好和他自己的邏輯分
類相一致，《墨子》之〈小取篇〉云：

---

⑫　《荀子・正名》。

⑬　同上。

　　盜人，人也。多盜，非多人也。無盜，非無人也。奚以明之？
　　惡多盜，非惡多人也。欲無盜，非欲無人也。世相與共是之，
　　若若是，則雖盜人，人也；愛盜，非愛人也；不愛盜，非不
　　愛人也；殺盜人，非殺人也。

　　「盜人」與「人」的關係，正是荀子所謂「別名」與「共名」的關係。故「殺盜人，非殺人」的命題正是反對混淆「別名」與「共名」，荀子指其「用名以亂名」，實在站不住腳。荀子對墨家的這種無理批評，透露出一個消息，即他對諸家邏輯思想的批評，並非出於邏輯學的動機，而是出於倫理政治的需要，故有辟三惑而云「明君知其分，而不與辨」。但如前所述，他面對的名家所使用的主要利器就是邏輯，墨家也是以「辯」行天下，故荀子欲破之亦不能不從邏輯之辯入手，再加上他自己的知性秉賦與風格，於是「破」中有「立」，也提出了中國邏輯學史上很重要的邏輯命題。其所謂「單足以喻，則單；單不足以喻，則兼」，恰如某些評論所指出的那樣，揭示了個別與一般的關係❹。其所謂「名無固宜，……約定俗成謂之宜」，更是深入地觸及了概念、邏輯之語言形式系統相對於歷史現實之社會存在系統的符號性。下面的話更深入地探討了「名」「實」所代表的符號系統與實在系統的具體關係——

　　名聞而實喻，名之用也；累而成文，名之麗也。用、麗俱得，
　　謂之知名。名也者，所以期累實也。辭也者，兼異實之名，
　　以論一意也。辨、說也者，不異實名，以喻動靜之道也。期、
　　命也者，辨說之用也。辨、說也者，心之象道也。心也者，

❹　見侯外廬等著：《中國思想通史》第一卷，人民出版社，1957年版。

道之工宰也。道也者，治之經理也。心合於道，說合於心，
辭合於說。正名而期，質請而喻，辨異而不過，推類而不悖。
聽則合文，辨則盡故，以正道而辨姦，猶引繩以持曲直。⑮

　　此說之「推類而不悖」、「辨則盡故」，顯然出自《墨子》，「類」
與「故」的邏輯思想由墨家作了系統深入的闡發，荀子借用之，卻
未在邏輯學領域充分發揮，他十分重視「類」，　然其分類卻多半著
眼於倫理政治意義，而缺乏邏輯意義。如侯外廬等著《中國思想通
史》曾列舉出荀子分類七例：1.君子小人之分類，2.士之分類，3.
勇之分類，4.名辯之分類，5.奸之分類，6.儒之分類，7.蔽之分
類⑯。此七例分類，均是以邏輯之方法作倫理政治之分類，其概念、
範疇、內容均為道德與政治之論說，而非邏輯學之推衍。因此，「類」
概念在荀子這裡，作為人類社會學概念（如「族類」）　是一種極其
寶貴的思想發現，作為邏輯學概念卻無創獲可言。然而，從特定意
義上說，此亦正是荀子名學之基本特徵。對於堅守儒家基本宗旨的
荀子來說，倫理政治始終是第一位的原則，邏輯學最多只能具有從
屬的工具、手段的意義。荀子具有邏輯學意義的名實之辨，說到底
不過是為了倫理學意義的「正名」。　邏輯學的討論在荀子這裡，決
不僅僅是，甚至主要不是建構一個邏輯學的體系，而主要是為了「邪
說不能亂，百家無所竄」⑰，亦即為了達到力辟百家、獨尊儒術的
目的。明乎此，便可清楚理論素養、知性稟賦都是那樣深厚的荀子，

---

⑮　《荀子・正名》。

⑯　侯外廬等著：《中國思想通史》第一卷，人民出版社，1957年版，第
　　561～562頁。

⑰　《荀子・正名》。

為什麼在邏輯學的建樹方面卻遠遠不如墨家。還是荀子自己說的明白——

　　說行，則天下正；說不行，則白道而冥窮，是聖人之辨說也。⓲

　　這不正是孟子的「達則兼濟天下，窮則獨善其身」嗎！說到大本處，荀子便是孟子，孟子便是荀子。「聖人之辨說」，焉能不輕邏輯而重倫理！

⓲　《荀子・正名》。

第七章　荀子的美學

　　在後人的心目中，荀子是一個峻厲刻酷的思想家，不像孔子、孟子那樣富有人道情懷。這種印象自然不是沒有根據，一個將理想的帝王描繪為「庶人隱竄，其敢視望，居如大神，動如天帝」❶的思想家，很難給人特別是給現代人留下很好的印象，一個竭力論證專制統治秩序的思想家，亦很難表現出充沛的同情心、或人情味、或人道情懷。但荀子並非不重情，相反，他倒是從人類學本體論的高度出發系統地論說了「情」的問題，這就帶出了他的美學。

一、美感──人性之考察

　　近代以來的美學，已將研究重心由美的本質的本體論探討轉向審美心理的描述研究，亦即美學研究首先是從美感入手，從人的審美體驗、審美需求入手，由此一步步地帶出、探討相關的美學問題。從美感入手，實際上就是從人性入手，從人性的基本感性欲求入手。荀子的美學思想，恰好從這個角度展開。他是從探討人性的本能欲求入手，從「人之情」入手，形成了自己的美學思想──

---

❶　《荀子‧君道》。

凡人有所一同：飢而欲食，寒而欲煖，勞而欲息，好利而惡害，是人之所生而有也，是無待而然者也，是禹、桀之所同也。目辨白黑美惡，耳辨音聲清濁，口辨酸鹹甘苦，鼻辨芬芳腥臊，骨體膚理辨寒暑疾養，是又人之所生而有也，是無待而然者也，是禹、桀之所同也。❷

若夫目好色、耳好聲、口好味、心好利、骨體膚理好愉佚，是皆生於人之情性者也，感而自然，不待事而後生之者也。❸

夫人之情，目欲綦色，耳欲綦聲，口欲綦味，鼻欲綦臭，心欲綦佚，此五綦者，人情之所必不免也。❹

荀子以上論說，令人不能不想起他的「性惡」說：「人之性惡，其善者，偽也。」❺這個判斷的依據便是上述人生來具有的本能的感性欲求。那麼，依據「性惡」說的邏輯，人的審美欲求豈不是一種「惡」嗎！荀子卻又不這樣看。相反，他倒以為包括審美欲求在內的人的感性欲求是正當的、合理的，不應貶斥、壓抑的。他對墨子「節用」、「非樂」的批評是著名的例子❻，下面批評宋鈃的話亦很能說明問題——

子宋子曰：「人之情，欲寡，而皆以己之情，為欲多；是過也。」故率其群徒，辨其談說，明其譬稱，將使人知情之欲寡

---

❷　《荀子・榮辱》。

❸　《荀子・性惡》。

❹　《荀子・王霸》。

❺　《荀子・性惡》。

❻　參見本書第二章。

也。

應之曰：然則，亦以人之情為：目不欲綦色，耳不欲綦聲，口不欲綦味，鼻不欲綦臭，形不欲綦佚。此五綦者，亦以人之情為不欲乎？

曰：人之情，欲是己。

曰：若是，則說必不行矣。以人之情為欲此五綦者，而不欲多，譬之是猶以人之情，為欲富貴而不欲貨也，好美色而惡西施也。古之人為之不然，以人之情為欲多，而不欲寡。❼

這段話批評宋鈃的「寡欲」說，肯認人的「多欲」，特別值得注意的是，荀子并不認為這種「多欲」是「惡」的，這便與「性惡」說很不相諧。本文嘗以為，荀子「性惡」之說，並未就「性」本身立論，而是就「性」不加控制、規範所造成的後果立論，亦即王陽明所云「就流弊上說性」❽，一點在荀子的美學思想中又獲得了印證。

荀子肯認人的「多欲」，并且就在這一肯認的基礎上直接具體地提出了他的美學思想——

夫樂者，樂也，人情之所必不免也，故，人不能無樂。樂，則必發於聲音，形於動靜，而人之道聲音、動靜、性術之變盡是矣。❾

---

❼　《荀子・正論》。

❽　參見本書第三章。

❾　《荀子・樂論》。

這是《荀子・樂論》的開篇，這個開篇毫不含糊地肯認了人的
審美欲求的原發性、必要性、正當性、合理性。「人之情所必不
免」、「人不能無樂」，十分明確地將審美欲求解釋為人性的內在必
然需要。為什麼審美欲求會成為人性的內在必然需要，荀子對此固
沒有做出深入具體的心理學闡釋，但他從人性考察的角度出發來論
析審美藝術問題，卻無疑是正確的、深刻的。

二、美──倫理之定位

前引〈樂論〉，可說是荀子的一篇出色的美學論文。這篇論文
的宗旨是抨擊墨子「非樂」之說，以捍衛儒家所倡之「禮樂」之教，
故它又是一篇從審美文化的角度伸張儒家思想的重要文獻。比較一
下荀墨對審美文化的不同態度，更能凸顯荀子美學的思想性質。〈樂
論〉首句「樂者，樂也」的第二個「樂」為審美感受，審美娛悅，
第一個「樂」則為審美對象，亦即一種綜合形態的藝術美（「樂」在
當時不專指音樂）。我們先來看荀子如何闡釋這種藝術之美的功用、
意義──

> ……樂，則不能無形；形，而不為道則不能無亂。先王惡其
> 亂也，故制雅、頌之聲以道之，使其聲足以樂而不流，使其
> 文足以辨而不諰，使其曲直、繁省、廉肉、節奏足以感動人
> 之善心，使夫邪汙之氣無由得接焉。是先王立樂之方也。而
> 墨子非之。奈何？
> 故，樂在宗廟之中，君臣、上下同聽之，則莫不和敬；閨門
> 之內，父子、兄弟同聽之，則莫不和親；鄉里、族長之中，

長少同聽之，則莫不和順。故，樂者，審一以定和者也，比
物以飾節者也，合奏以成文者也；足以率一道，足以治萬變。
是先王立樂之術也，而墨子非之。奈何？ ❿

這番論說，直接地道出了儒家對審美活動所抱持的倫理政治目
的，其從統治者穩定統治秩序的角度立論自不待言。墨子「非樂」，
則純從下層平民的物質功利出發，他認為上層統治者耗費巨額財富
與大量人力從事「樂」之審美活動，無論從創作的角度看，還是從
欣賞的角度看，都是對民眾生計的侵害與剝奪——

今王公大人，惟毋處高臺厚榭之上而視之，鐘猶是延鼎也，
弗撞擊，將何樂得焉哉？其說將必撞擊之，惟勿撞擊，將必
不使老與遲者。老與遲者，耳目不聰明，股肱不畢強，聲不
和調，明不轉朴。將必使當年，因其耳目之聰明，股肱之畢
強，聲之和調，眉之轉朴，使丈夫為之，廢丈夫耕稼樹藝之
時，使婦人為之，廢婦人紡績織紝之事。今王公大人，惟毋
為樂，虧奪民衣食之財，以拊樂如此多也。⓫
今大鐘、鳴鼓、琴瑟、竽笙之聲，既已具矣。大人鏽然奏而
獨聽之，將何樂得焉哉？其說將必與賤人，不與君子。與君
子聽之，廢君子聽治；與賤人聽之，廢賤人之從事。⓬

墨子「非樂」所表現出來的物質功利主義，自有其道義性與合

---

❿　《荀子・樂論》。

⓫　《墨子・非樂上》。

⓬　同上。

理性（參見本書第二章），他從平民百姓的切身利益出發抨擊統治者
極度奢靡之文化消費，至今聽來猶能激起心靈的不平與震撼——

> 民有三患：飢者不得食，寒者不得衣，勞者不得息，三者民
> 之巨患也。然即當為之撞巨鐘，擊鳴鼓，彈琴瑟，吹竽笙，
> 而揚干戚民衣食之財，將安可得乎？ ⑬
> 子墨子曰：和氏之璧，隋侯之珠，三棘六異，此諸侯之所謂
> 良寶也。可以富國家、眾人民，治刑政，安社稷乎？曰：不
> 可。所謂貴良寶者，為其可以利也。而和氏之璧、隋侯之珠、
> 三棘六異，不可以利人，是非天下之良寶也。 ⑭

特別應該指出的是，墨子「非樂」，否定審美活動，並不是由
於他沒有認識到審美價值，並不是由於他不懂藝術，相反，他自己
恰好是一位音樂家，他「之所以非樂者，非以大鍾、鳴鼓、琴瑟、
竽笙之聲，以為不樂也；非以刻鏤華文章之色，以為不美也；非以
犓豢煎炙之味，以為不甘也；非以高臺厚榭邃野之居，以為不安
也」⑮。由此看來，墨子之「非樂」，並非出於本能、並非出於情感、
並非出於文化素養、審美修養不夠，而完全是出自於一種關懷民瘼
的功利態度，正是從這種功利態度出發，他抨擊儒家的審美教化說：
「誦詩三百，弦詩三百，歌詩三百，舞詩三百。若用子之言，則君
子何日以聽治，庶人何日以從事。」⑯

---

⑬　《墨子・非樂上》。

⑭　《墨子・耕柱》。

⑮　《墨子・非樂上》。

⑯　《墨子・公孟》。

墨子對儒家審美教化的抨擊乃至對全部審美文化的一般性否定，凸顯了古代社會文化生發期的基本矛盾：生存需要與人文需要的矛盾。這種矛盾通常表現為階級或階層利益的對立與衝突，底層平民爭取最基本的生存權利，與上層貴族愈漸繁複的文化消費的對立與衝突，是其最典型的代表形式。墨子的態度，最集中、最富於理論形態地表達了前者的要求，荀子的態度則十分系統地表達了後者的要求。如果說墨子的思想煥發出追求社會正義與平等的光芒，那麼荀子的思想則表現了維繫社會政治等級秩序的意圖。從這一個層面評估墨荀，則墨子顯然更能為具有民主意識者所接受，但深入一層看，墨子帶有民粹色彩的美學（實則是反美學）思想顯然已陷入狹隘功利主義的泥淖，為功利而犧牲人文，為物質而犧牲精神，畢竟不符合人類歷史發展的長遠要求，特別是在人類文明不斷進步的歷程中，人文的作用、精神文明的意義日漸突出，墨子的思想就愈發顯得落後、狹隘、保守、淺薄。相形之下，荀子的思想卻站到了歷史的制高點，他從人文發展的歷史必然性與必要性的角度對墨子的批評，也就往往能夠擊中要害——

> 我以墨子之非樂也，則使天下亂；墨子之節用也，則使天下貧；非將墮之也，說不免焉。墨子大有天下，小有一國，將蹙然衣麤食惡，憂戚而非樂；若是，則瘠；瘠，則不足欲；不足欲，則賞不行。墨子大有天下，小有一國，將少人徒，省官職，上功勞苦，與百姓均事業，齊功勞；若是，則不威；不威，則罰不行。賞不行，則賢者不可得而進也；罰不行，則不肖者不可得而退也；賢者不可得而進也，不肖者不可得而退也，則能不能不可得而官也。若是，則萬物失宜，事變

失應，上失天時，下失地利，中失人和，天下敖然，若燒若焦。墨子雖為之衣褐帶索，嚽菽飲水，惡能足之乎？既以伐其本，竭其原，而焦天下矣！

故先王聖人為之不然。知夫為人主上者，不美不飾之不足以一民也，不富不厚之不足以管下也，不威不強之不足以禁暴勝悍也；故必將撞大鐘，擊鳴鼓，吹笙竽，彈琴瑟，以塞其耳；必將錭琢刻鏤，黼黻文章，以塞其目；必將芻豢稻粱，五味芬芳，以塞其口；然後眾人徒，備官職，漸慶賞，嚴刑罰，以戒其心；使天下生民之屬，皆知己之所願欲之舉在是于也，故其賞行；皆知己之所畏恐之舉在於是也，故其罰威。賞行，罰威，則賢者可得而進也，不肖者可得而退也，能不能可得而官也。若是，則萬物得宜，事變得應，上得天時，下得地利，中得人和，則財貨渾渾如泉源，汸汸如河海，暴暴如丘山。夫天下何患乎不足也？ ❼

　　荀子對墨子的批評，遵循著儒家從人文到政治的基本理路，他的美學思想亦完全受制於這個框架。在墨子看來，人文——審美會剝奪人們的基本生計，故應摒棄之；在荀子看來，人文——審美不僅不會剝奪人們的基本生計，相反倒恰好為人類比遠的大生計，為人類生計的充實富足提供了必要條件。墨子從現實出發，代下層民眾立言，故有「非樂」之舉；荀子從理想著手，立足於社會統治秩序，故肯認審美的功用。由此亦可見出，荀子對審美文化的充分肯認和高度評價，並不是出自自由的審美情懷、獨立的藝術精神，並不是為人生開出一個和諧的、充滿感性歡樂的境界，而是純粹地出

---

❼　《荀子·富國》。

於一種儒的倫理目的、政治目的，他是要將審美文化當作實現倫理政治目的的工具、手段，「不美不飾之不足以一民也」，說得乾脆明白，如果再拿莊子的美學思想與荀子的美學思想做一對照，則後者那種倫理政治味道，就顯得愈發濃厚，愈發突出。

先秦思想家中，唯莊子是純粹意義上的美學家，莊子的美學從人的自由出發，從反異化出發，追求一種自然的、渾樸的、真率的、天成的人生境。由於立足於人的生存狀態的超越化與自由化，莊子的美學便具有一種高屋建瓴的氣勢和獨立不羈的精神。他對所謂「至人」、「聖人」的描繪讚頌，實際上就是對他心目中超塵絕俗的審美境界的推崇：

> 至人神矣！大澤焚而不能熱，河漢沍而不能寒，疾雷破山飄風振海而不能驚。若然者，乘雲氣，騎日月，而遊乎四海之外。[18]
>
> 聖人之生也天行，其死也物化。靜而與陰同德，動而與陽同波。不為福先，不為禍始，感而後應，迫而後動，不得已而後起。去知與故，循天之理。故無天災，無物累，無人非，無鬼責。其生若浮，其死若休。不思慮，不豫謀，光矣而不耀，信矣而不期。其寢不夢，其覺無憂。其神純粹，其魂不罷。虛無恬淡，乃合天德。[19]

莊子美學強調人與自然的和諧統一，強調人應取法自然，這就與強調人際倫理的儒家美學特別是荀子的美學拉開了距離。由於強

---

[18]　《莊子・齊物論》。

[19]　《莊子・刻意》。

調、推崇自然狀態，莊子所肯認的最高的「美」，便是所謂「天地之美」——

> 夫天地者，古之所大也，而黃帝堯舜之所共美也。❷⓿
>
> 天地有大美而不言，四時有明法而不議，萬物有成理而不說。聖人者，原天地之美而達萬物之理，是故至人無為，大聖不作，觀於天地之謂也。❷①
>
> 判天地之美，析萬物之理，察古人之全，寡能備於天地之美，稱神明之容。❷②

　　「天地之美」是超越人世倫常的自然之美，人生只有追摹這種「天地之美」，才能擺脫苦難、克服異化，實現自由境界。為了追摹「天地之美」，實現自由境界，人必須摒棄現世人生的種種欲求、利害、秩序、規範，甚至生命。請看莊子對「死」的讚頌：

> 死，無君於上，無臣於下，亦無四時之事；從然以天地為春秋，雖南面王樂，不能過也。❷③

　　莊子並不是在提倡宗教式的死的寂滅解脫，而是在高揚一種審美式的人生自由境界，他是在痛苦的人生中追求著一種理想的人生，走向一種即現實又超現實的審美超越。這種審美超越不是叔本華式

---

❷⓿　《莊子・天道》。

❷①　《莊子・知北遊》。

❷②　《莊子・天下》。

❷③　《莊子・至樂》。

的暫時慰安，而是人生的最高境界，是人生目的。這裡特別值得注
意的是，莊子式的人生境界或說人生目的不僅不同於一般意義上的
否棄此生的宗教意識，更不同於執著此生倫理目的的儒家意識。「無
君於上，無臣於下」是實現人生至樂的基本條件，亦即莊子的審美
快樂是以剔除最基本的倫理政治關係——君臣關係為前提，這便見
出莊子與荀子的尖銳對立。莊子盡管很少專門討論藝術，很少談詩
論樂，但由於他的全部思想均是在高倡人與自然的和諧相融，均是
要超越利害、蔑棄世俗，追求一種物我同一、物我兩忘的精神境界，
因此，他的全部思想從旨歸到風格，都充溢著藝術化的生命，都是
美學。而荀子盡管非常重視審美文化，甚至專門寫了〈樂論〉，但
由於他將審美活動完全納入政治視野，完全看成倫理工具，這就不
能不使他的美學思想帶有濃重的、狹隘的政治實用主義與倫理實用
主義色彩——

　　　　聽其雅頌之聲，而志意得廣焉；執其干戚，習其俯仰、屈伸，
　　　而容貌得莊焉；行其綴兆，要其節奏，而行列得正焉，進退
　　　得齊焉。故，樂者，出所以征誅也，入所以揖讓也；征誅、
　　　揖讓，其義一也。出所以征誅，則莫不聽從；入所以揖讓，
　　　則莫不從服。故，樂者，天下之大齊也，中和之紀也，人情
　　　之所必不免也，是先王立樂之術也。……
　　　且，樂者，先王之所以飾喜也；軍旅、鈇鉞者，先王之所以
　　　飾怒也；先王喜怒，皆得其齊焉。是故，喜而天下和之；怒，
　　　而暴亂畏之，先王之道，禮樂正其盛者也。……❷

---

❷　《荀子・樂論》。

應該說，荀子十分重視審美文化的價值和意義，因此才認為「先王之道，禮樂正其盛者」；同樣應該說，荀子對審美文化巨大的威召力量亦有充分的認識，因此他又說：「夫聲樂之入人也深，其化人也速，故先王謹為之文」❷，但由於將審美文化規範於「先王之道」，強調「先王謹為之文」，遂完全取消了審美文化的相對獨立價值和意義，這就使得荀子的美學思想處處顯得狹隘、實用、沉悶、庸俗、保守（特別是和莊子美學對比時），荀子美學所表現出來的局限，自然帶有鮮明的儒家印記。此點上引諸文可以為證，下面的話更典型地表現了儒家那種嚴重片面的審美觀——

> 樂中平，則民和而不流；樂肅莊，則民齊而不亂。民和、齊，則兵勁、城固，敵國不敢嬰也。如是，則百姓莫不安其處，樂其鄉，以至足其上矣。然後，名聲於是白，光輝於是大，四海之民，莫不願得以為師。是王者之始也。樂姚冶以險，則民流僈、鄙賤矣。流僈，則亂；鄙賤，則爭。亂、爭，則兵弱、城犯，敵國危之。如是，則百姓不安其處，不樂其鄉，不足其上矣。故，禮樂廢而邪音起者，危削、侮辱之本也。故先王貴禮樂，而賤邪音。❷

荀子的審美觀，完全是在發揮孔子的「先王之道斯為美」❷、「惡鄭聲之亂雅樂」❷，這種審美觀顯然是以善為美，以倫理政治

---

❷ 《荀子·樂論》。

❷ 同上。

❷ 《論語·學而》。

❷ 《論語·陽貨》。

標準來取代審美藝術標準，但荀子卻沒有孔子「吾與點也」❷那種自由活潑開放的審美心境、藝術心境，而只是一味地從儒的倫理政治要求出發來考量審美問題。這樣一種思維定勢、價值取向再加上荀子特有的人性理論，遂使荀子提出了他的著名的美學命題：「無偽則性不能自美」——

> 性者，本始材朴也；偽者，文理隆盛也。無性，則偽之無所加；無偽，則性不能自美。❸

　　這裡的「美」，完全被定位到倫理意義的「善」上。如果說荀子的〈樂論〉盡管是將審美文化置於倫理政治的圭臬之下，但畢竟直接地討論了藝術問題、直接地討論了審美的社會價值問題，那麼，「無偽則性不能自美」這一命題便已完全用倫理學的討論代替了美學的討論。這不能不說是儒家美學的一個極端片面的發展，以後的儒家美學基本上沿著這一理路發展下來，而「文以載道」的儒家美學傳統，倡之最力者與其說是孔子，不如說是荀子。是荀子完全堵塞了審美文化使心靈自由開放、使精神超越高蹈的一途，而完全將其納入倫理教化體系作為政治整合的工具，從而使儒家美學染上了濃重的功利色彩。荀子的影響，首先表現在〈樂記〉。〈樂記〉可說是儒家美學的經典規範之文獻，它影響所及，直至宋明理學；而〈樂記〉卻正可看成荀子〈樂論〉的修訂版，它的基本思想甚至許多話語都和荀子〈樂論〉一樣，不外乎高倡審美教化論❸，將審美問題

---

❷　《論語·先進》。

❸　《荀子·禮論》。

❸　《毛詩序》有儒家審美教化論的經典定義：「風，風也，教也；風以

政治化、倫理化。下面是其典型表述——

> 君子反情以和其志，比類以成其行。奸聲亂色，不留聰明；
> 淫樂慝禮，不接心術；惰慢邪僻之氣，不設於身體；使耳目
> 鼻口心知百體，皆由順正以行其義。然後發以聲音而文以琴
> 瑟，動以干戚，飾以羽旄，從以簫管，奮至德之光，動四氣
> 之和，以著萬物之理。是故清明象天，廣大象地，始終象四
> 時，周還象風雨。五色成文而不亂，八風從律而不奸，百度
> 得數而有常，小大相成，終始相生，倡和清濁，迭相為經。
> 故樂行而倫清，耳目聰明，血氣和平，移風易俗，天下皆寧。
> 故曰：「樂者，樂也。」君子樂得其道，小人樂得其欲。以道
> 制欲，則樂而不亂；以欲忘道，則惑而不樂。是故君子反情
> 以和其志，廣樂以成其教。樂行而民鄉方，可以觀德矣。㉜

　　這段審美教化論的經典論說，完全是在發揮荀子之「樂論」(其
中有些語句都顯然來自《荀子》，如「清明象天」、「耳目聰明，血
氣和平，移風易俗，天下皆寧」、「君子樂得其道，小人樂得其欲」
之類)。正是這種審美教化論，成為以後整個中古社會的正統美學
思想之所本。它對中國人的情感生活、藝術生活，對中國人的文化
心理結構、基本價值取向，都發生了決定性的影響。例如中國文化
本來是多情的文化，發達得有些畸型的抒情藝術便是生動的證明㉝

動之，教以化之。」

㉜　〈樂記〉。

㉝　兩千年封建中古藝術，奉為正宗並獲得充分發展的，全為抒情藝術(如
　　詩、詞、曲、文、賦、書)，一些本來可以具有客觀再現功能的藝術

（這與中國人執著於感性現世生活有關）。 但在所謂「經夫婦，成孝敬，厚人倫，美教化，移風俗」 ❸❹ 的儒家審美教化論的支配下，中國人的情卻經常過分偏執地淹滯於道德倫常的理性網絡中。如果把審美趣味分解為理、情、欲三個層面，那麼中國人的審美就多半是從情到理，以理節情——山山水水，全塗上人倫色彩（所謂「知者樂水，仁者樂山」❸❺……）；草木禽獸，都成了道德象徵（所謂「歲寒三友」、「仁獸德禽」……）；一句話——「發乎情，止乎禮義」❸❻，規定了幾千年的審美準則、情感基調；三個字——「思無邪」❸❼，褫奪了自然欲求獲取審美表現的願望、資格。這樣一種儒的審美教化論，孔子固然是始作俑者，但荀子卻空前地強化了，亦即片面地發展了它的教化傾向。孔子還充分肯定審美藝術陶冶性情、豐富精神、開拓心胸、伸張自由的目的性價值，荀子則一味地把目光盯在審美藝術如何發揮教化作用，亦即如何去實現倫理政治目的的工具性價值。這較之後來的「理學家」完全否定審美藝術的任何價值固然尚未至極端❸❽，但荀子的審美態度較之孔子的審美態度顯然是個

門類（如美術）也完全以主觀抒情為主導功能。最具再現性的「小說」亦充滿直接的抒情意味（沒有一部古典小說不是首尾貫穿詩、詞、曲、賦），因此，中國能夠出現很發達的戲曲，而話劇卻只能是舶來品。

❸❹ 《毛詩序》。

❸❺ 《論語・雍也》。

❸❻ 《毛詩序》。

❸❼ 《論語・為政》。

❸❽ 理學家完全否定審美藝術的代表性言論如程頤所謂——
問：「張旭學草書，見擔夫與公主爭道，及公孫大娘舞劍，而後悟筆法，莫是心常思念至此而感發否？」
曰：「然。須是思方有感悟處，若不思，怎生得如此？然可惜張旭留

退步。

　　荀子美學，完全從屬於他的功利色彩極強的思想體系，他將審美活動視為實現「外王」政治事功，實現倫理社會秩序的重要途徑。在他的美學思想中，同樣可以看到「制天命而用之」的影子，如他說：

　　　　北海則有走馬、吠犬焉，然而中國得而畜使之；南海有羽翮、
　　　　齒革、曾青、丹干焉，然而中國得而財之；東海有紫紶、魚、
　　　　鹽焉，然而中國得而衣食之；西海有皮革、文旄焉，然而中
　　　　國得而用之。故澤人足乎木，山人足乎魚。農夫不斷削、不
　　　　陶冶，而足械用，工賈不耕田，而足菽粟。故，虎豹為猛矣，
　　　　然而君子剝而用之。故，天之所覆，地之所載，莫不盡其美，
　　　　致其用。上以飾賢良，下以養百姓，而安樂之。夫之謂大
　　　　神。❸⁹

心於書，若移此心於道，何所不至？」
問：「作文害道否？」
曰：「害也。凡為文，不專意則不工，若專意則志局於此，又安能與
天地同其大也？《書》曰：『玩物喪志』，為文亦玩物也。」或問：「詩
可學否？」
曰：「既學時，須是用功，方合詩人格。既用功，甚妨事。古人詩云：
『吟成五個字，用破一生心』；又謂『可惜一生心，用在五字上』。此
言甚當。」
先生嘗說：「王子真曾寄藥來，某無以答他，某素不作詩，亦非是禁
止不作，但又亦為此閑言語。且如今言能詩無如杜甫，如云『穿花蝴
蝶深深見，點水蜻蜓款款飛』，如此閑言語，道出做甚？」
以上均見《河南程氏遺書》卷十八。
❸⁹　《荀子・王制》。

　　荀子的「大神」境界，很有氣魄地體現了人類謀求生存、進行社會分工、從事生產實踐的物質功利追求，著眼於這個角度或領域來肯認美、體驗美，自然亦具有十分積極的意義，但人類的審美活動畢竟有它的精神超越層面，並且這種超越恰好主要是對物質功利的超越。非功利、無利害，在具體感性的把握中獲得靈心的怡悅和滿足，在人與自然的和諧交融中體味審美對象，在精神的無拘無束的創造中成就藝術境界，這是中國古典美學的極致。這種審美極致係由莊子美學點示之，荀子美學於此則相形見絀。之所以出現這樣的高下之分，蓋因莊子美學超功利，荀子美學則太拘執於功利。有關莊荀美學思想的得失高下，李澤厚、劉綱紀主編之《中國美學史》嘗有精當論說。茲照引於斯：

　　　　在荀子這裡，一切的美最終都不能脫離人的功利欲望的合理的滿足，不能脫離人在外部世界的各種實際的活動。……如果說，當現實的活動十分豐富多彩的時候，這種感受也可以呈現出一片多樣生動的圖景，但仍然還是束縛在和現實的欲求相關的各種實際活動上，不能超出於它而上升到一種更為廣闊無限的境界。以對自然美的欣賞來說，荀子入秦，稱讚那裡的「山林川谷美」，這美……指的是自然產物的美，是從經濟、生產的角度來看的。無疑，這也是一種美。國土的富饒，物產的豐富，是能引起我們的美感的。但如只限於這一點，則人們對自然美的欣賞就很狹窄了。莊子則不同，他也欣賞山林川谷美，感嘆「山林與！皋壤與！使我欣欣然而樂與！」莊子所說的山林美，卻完全同實用功利的考慮無關。莊

子所描繪的櫟社樹是十分之美的，木匠以為是罕見的良材，其實卻是無所可用的「散木」，但它并不因此而失其美。莊子對於美的感受，較之於處處拘於實利的荀子來說，實在要寬廣得多。而真正純粹意義上的審美，是超出了實用功利的束縛的。過於狹窄實際的功利目的追求，對於藝術美的創造欣賞經常是有害的。包括荀子在內的儒家美學對藝術發展的不利影響，也正是表現在這裡。❹

從荀子美學的基本特徵，可以窺見其思想系統的一般風貌和主導傾向。他將他全部有關美學的思考均定位於倫理關係和政治事功，換句話說，他是從倫理政治的功利需要出發來討論美學問題。因此，他的美學思想不僅較之莊子要顯得狹隘、實用、缺乏靈氣，即便較之孔孟，亦頗顯得拘謹、局促。孔孟那裡個體人格的美（如孔顏之樂，如「大丈夫」）、藝術境界的體悟（如「游於藝」❹、「成於樂」❹ 諸說），在荀子這裡是找不到的。如果說儒家美學的主旨是強調美善統一，而從原始儒到宋明儒，善曾經吞沒了美（程頤是極端）， 那麼荀子便是這一傾向的開啟者。

三、審美──宗教之轉換

荀子美學中還有值得重視的一點，那就是他對「禮」的詩化解

---

❹ 李澤厚、劉綱紀主編：《中國美學史》第一卷，中國社會科學出版社，1984年版，第336～337頁。

❹ 《論語·述而》。

❹ 《論語·泰伯》。

釋。這種解釋涉及到宗教與藝術的關係，故而直到現代，仍頗富於
啟發意義。

馮友蘭先生論及荀子「禮」學時指出：

> 禮之用除定分以節人之欲外，又為文以飾人之情；此方面荀
> 子言之甚精。荀子亦重功利，與墨子有相同處。但荀子對於
> 情感之態度，與墨子大不相同。墨子以其極端的功利主義之
> 觀點，以人之許多情感為無用無意義而壓抑之，其結果為荀
> 子所謂「蔽於用而不知文」。荀子雖亦主功利，然不如墨子之
> 極端，故亦重視情感，重用亦重文；此可於荀子論喪祭禮中
> 見之。喪祭禮之原始，皆起於人之迷信。荀子以其自然主義
> 的哲學，與喪祭禮以新意義，此荀子之一大貢獻也。❸

馮氏評說，甚為允當。荀子對「禮」的詩化態度，首先表現在
對「禮」之「文」「人之情」❹的重視。如他說：

> 禮者，斷長，續短，損有餘，益不足，達敬愛之文，而滋成
> 行義之美者也。故，文飾、粗惡、聲樂、哭泣、恬愉、憂戚，
> 是反也；然而，禮兼而用之，時舉而代御。故，文飾、聲樂、
> 恬愉，所以持平奉吉也，粗惡、哭泣、憂戚，所以持險奉凶
> 也。故，其立文飾也，不至於窕冶；其立粗惡也，不至於瘠
> 棄；其立聲樂、恬愉也，不至於流淫、惰慢；其立哭泣、哀
> 戚也，不至於隘懾、傷生；是禮之中流也。❺

---

❸ 馮友蘭：《中國哲學史》上冊，中華書局，1961年版，第368～369頁。

❹ 同上，第417頁。

　　在荀子這裡，「禮」之「文人之情」與「節人之情」其實交互
為用。「節」需通過「文」，「文」是為了「節」，「節」「文」相成，
便實現了「禮」的規範，制約人性的功能，而「節」與「文」的統
一，也就是倫理功能與審美功能的統一，此不出荀子美學服務於倫
理政治目的的大框架。更值得注意的是，荀子對「禮」中「喪禮」、
「祭禮」的論說。「喪禮」、「祭禮」沿襲上古宗教儀式而來，到了
儒家這裡，卻被賦予人間化的、理性化的解釋。孔子對宗教的態度，
本就相當曖昧，他之「未能事人，焉能事鬼」❹⁶、「未知生，焉知
死」❹⁷、「祭如在，祭神如神在」❹⁸，對宗教信仰對象的是否存在實
際上採取了一種懷疑故而「存而不論」的態度。從他那裡開始，宗
教精神就已被稀釋，被人間化、理性化，宗教情感儀式亦被藝術化，
《禮記》嘗引孔子之言云：

　　　　之死而致死之，不仁而不可為也。之死而致生之，不智而不
　　　　可為也。是故竹不成用，瓦不成味，木不成斲，琴瑟張而不
　　　　平，竽笙備而不和，有鐘磬而無簨虡。其曰明器，神明之
　　　　也。❹⁹

　　在孔子看來，為「喪禮」設置的「明器」不過是「備物而不可

❹⁵　《荀子・禮論》。
❹⁶　《論語・先進》。
❹⁷　同上。
❹⁸　《論語・八佾》。
❹⁹　《禮記・檀弓》。

用」❺⓪。對這種態度或理解，馮友蘭先生析之甚精：「專從理智之觀點待死者，斷其無知，則為不仁。專從情感之觀點待死者，斷其有知，則為不智。折衷於二者，為死者『備物而不可用』。為之『備物』者，冀其能用，所以副吾人情感之期望也。『不可用』者，吾人理智明知死者之不能用之也。」❺① 荀子對待宗教性儀禮的態度，完全繼承了孔子的「人文」立場。如他論「喪禮」云：「喪禮者，以生者飾死者也，大象其生，以送其死也。故，如死如生，如亡如存，終始一也。……故，生器，文而功；明器，貌而不用。」❺② 更典型的還是荀子下面的話：

> 雩而雨，何也？曰：無何也，猶不雩而雨也。日月食而救之，天旱而雩，卜筮然後決大事，非以為得求也，以文之也。故君子以為文，而百姓以為神。以為文則吉，以為神則凶。❺③

這番話閃爍著荀子特有的對待宇宙的理性主義精神，或曰自然主義態度。在荀子看來，宗教信仰活動並不能改變大自然的客觀運行，並不能改變事物自身的發展規律，亦即宗教信仰活動並不具超自然的神秘力量。那麼，人們為什麼要產生宗教信仰，為什麼要進行宗教活動呢？荀子自己又為什麼肯定「喪禮」、「祭禮」等宗教信仰活動存在的必要性呢？他以為，宗教信仰活動的意義並不在於能夠真正地依賴超自然的力量求取到什麼，而完全是一種人類自我的

---

❺⓪　《禮記・檀弓》。

❺①　馮友蘭：《中國哲學史》上冊，中華書局，1961年版，第420頁。

❺②　《荀子・禮論》。

❺③　《荀子・天論》。

「文飾政事」❺，亦即具有審美意味的人文活動（「非以為得求也，以文之也」、「君子以為文」），一般百姓則將宗教信仰活動視為虔誠地相信、膜拜超自然力量的崇神活動（「百姓以為神」），而不懂得種種的宗教信仰活動、儀式都不過是審美式的「文飾」❺。荀子講祭祀云「其在君子以為人道也，其在百姓以為鬼事也」❺，蓋亦此意，他特別指出，後者是虛妄的迷信，只能帶來災禍（「以為神則凶」）；前者則是文化的滿足，故有利於人生（「以為文則吉」）。荀子的態度在迷信盛行的古代社會，無疑是一種比較健康、比較積極、比較「科學」的態度。特別值得指出的是，荀子對宗教的理解、闡釋，暗含著以審美情感代替宗教情感的意味，馮友蘭先生以其慧眼巨識首先指出了這一點。他說：

> 吾人之心，有情感及理智二方面。如吾人之所親者死，自吾人理智之觀點觀之，則死者不可復生；而靈魂繼續存在之說，又不可證明，渺茫難信。不過吾人之感情又極望死者之可復生，死者之靈魂繼續存在。吾人於此，若惟從理智，則對於死者盡可採用《列子・楊朱篇》中所說：「焚之亦可，沈之亦可，瘞之亦可，露之亦可，衣薪而棄諸溝壑亦可。」若純自理智之觀點觀之，則一切送死之禮節，皆是無意義；反之若專憑情感，則盡可以種種迷信為真理，而否認理智之判斷。世

---

❺　從楊倞注。

❺　荀子特別重視這種審美式的「文飾」作用，甚至認為它是「禮」的基本特徵，如他指出：「凡禮，事生，飾歡也；送死，飾哀也；祭祀，飾敬也；師旅，飾威也。」（〈禮論〉）

❺　《荀子・禮論》。

之宗教，皆以合於人之情感之想像為真，而否認理智之判斷
者也。

吾人對待死者，若純依理智，則為情感所不許；若專憑情感，
則使人流於迷信，而妨礙進步。《荀子》及《禮記》中所說對
待死者之道，則折衷於此二者之間，兼顧理智與情感。依其
所與之理論與解釋，《荀子》及《禮記》中所說之喪禮祭禮，
是詩與藝術而非宗教。其對待死者之態度，是詩的、藝術的，
而非宗教的。**❺❼**

　　何以折衷於理智與情感二者之間便是詩與藝術而非宗教，馮友
蘭先生亦有妙解。他認為詩與藝術的特點就是將宇宙萬物情感化，
並可自由地以想像凌駕於真實之上，甚至可以「自欺欺人」，製造
幻象，這是詩與散文（按指非文藝文體）、藝術與科學的根本不同
之處。不過詩與藝術所表現者既屬非真實的世界，它們便自己亦承
認所表現的確為非真實的世界，因此雖拋卻理智，專任情感，卻與
理智並不衝突。詩與藝術最不科學，卻與科學並行不悖。我們在詩
與藝術中，可獲得情感的慰安，同時又不礙理智的伸揚發展。宗教
固然亦是人之情感表現，但宗教情感與詩、藝術所表現的審美情感
之最大不同，即在其真以合於人之情感的想像為真實，並進而否認
理智之判斷，因此宗教的態度是獨斷的。

　　我們看荀子對待喪禮祭禮等上古宗教禮儀的態度，正是一種審
美態度。他用儒家高揚的實用理性精神闡釋宗教活動，稀釋其神秘
性、迷狂性，增強其人文性、形式性，這其實是以後數千年中國文
化性格中宗教意識淡泊，宗教精神不強烈、不執著、不專一的思想

---

❺❼　馮友蘭：《中國哲學史》上冊，中華書局，1961年版，第418頁。

淵源之一。

　　近代著名自然主義哲學家桑塔耶納 (George Santayana) 在其所
著《試釋詩與宗教》中，曾試圖融合詩與宗教，他認為詩和宗教在
本質上有相通處。一方面，宗教是藝術和哲學的源泉，甚至是人類
幸福的根本保障；另方面，宗教亦應摒棄種種獨斷乃至迷信，走向
一種審美式的情感安頓。近代著名教育家蔡元培更提出著名的「以
美育代宗教」說，主張以審美教育、以詩化的情感滿足來代替宗教
信仰情感。桑塔耶納與蔡元培以審美情感融化，代替宗教情感的思
想，帶有鮮明的近代理性主義色彩。它與荀子所代表的古代理性主
義在對待宗教與藝術的關係上，具有相通之處，是亦為荀子美學思
想中最有價值的因素。

結束語

　　作為先秦乃至整個中國思想史上最重要的思想家之一，荀子的學說體現出多方面的價值和意義。從儒的統緒來看，荀子最系統、最完整又最富於創發性和前瞻性地展開闡釋了儒的倫理政治哲學。兩千年中古封建社會的政治實踐盡管經常標榜孔孟之道，但實際上貫徹的卻是荀學，不管自覺還是不自覺，歷代統治者在臺面上以孔學為道德旗幟，暗地裡卻均奉荀學為政治手冊。儒家的全套政治理念，通過荀子的發揮，一方面暴露了階級統治的峻刻冷酷面目，另方面又成功地完成了思想的實踐化或說現實化。譚嗣同謂「二千年之學，荀學也」是極有見地的看法。兩千年中古封建社會的意識形態和統治方略，「孔孟之道」有之，「陽儒陰法」有之，「黃老之學」有之，但其內在的主幹卻不能不說是荀學。察《荀子》全書特別是其「政論」，庶幾可盡窺中國封建政治之堂奧。

　　從思想類型來看，荀子所代表的古代理性主義是一種比較徹底、積極、樂觀、清醒的理性主義。這種理性主義的培育、生展，對中國文化之沖淡神秘主義、未入宗教一途，起了決定性的作用（當然這亦有利有弊）。 中國文化為一實用理性型的文化，此為大多論者共識，而若探尋實用理性之哲學資源，則應首推荀子之貢獻，其「天論」思想，亦即其宇宙觀、自然觀是古代社會最成熟、最進步

的哲學觀念。它在人與自然的關係方面，奏出了最昂揚的人文的樂章，從這個角度看，荀子的理性主義又是最富於人本色彩的。

　　從學術史來看，荀子作為先秦最後一位大儒，是先秦學術思想文化的最系統、最高水平的總結者。荀子的總結，固然首先是站在儒的立場上批判百家，但由於時代情勢與個人秉賦兩方面的原因，荀子的總結，又同時帶有綜羅百家的意味。特別值得指出的是，荀子對先秦學術思想文化的批判性總結，從時代變化的需要出發，適應歷史運行的必然要求，因此頗具預見性或說前瞻性。李師澤厚說荀子「上承孔孟，下接《易》、《庸》，旁收諸子，開啟漢儒」，是最精當的評價。

　　站在當代的高度回頭去看荀子，我們既不能苛求古人，亦不必為尊者諱。荀子那一套維護階級統治，特別是為專制者張目的言論，確乎令人生厭，尤應堅決地否棄之；但荀子思想中理性主義、人本主義、自然主義的哲學意識，卻是極應珍視的精神資源、文化財富。即便在今天，仍有值得挖掘、清理、借鑒、汲取的意義。

年　表

老師，齊尚修列大夫之缺，而荀卿三為祭酒焉」。又，《荀子・疆國》載荀子說齊相曰：「今巨楚懸吾前，大燕遁吾後，勁魏鈎吾左，西壤之不絕若繩。楚人則乃有襄賁開陽，以臨吾左。是一國作謀，則三國必起而乘我，如是，則齊必斷而為四，三國若假城然耳。」　其言正當泯王之世。泯王再攻破燕、魏，留楚太子橫以割下東國，故荀子為是言。按齊泯王執政時間為西元前300～284年。又，錢穆：《先秦諸子繫年考辨》：「襄王六年至襄王十九年，前後凡十有四年，荀卿之三為祭酒，當在其時。」　按襄王六年至襄王十九年為西元前278～265年。）

~289年　　來往齊楚，並於齊與孟子相見論性。（梁啟雄《荀子簡釋・年表》：「《孟子外書》載：『孫卿子自楚至齊見孟子而論性』，《外書》趙邠卿雖已鑒定為贋品，然亦為周秦故籍，足為佐證。」）

264年　　荀子由齊赴秦。（《荀子》〈儒效〉〈疆國〉載荀子與昭王應侯答問。按秦昭王四十一年（即西元前266年），秦封范雎為應侯。錢穆：《先秦諸子繫年考辨》引「《周季編略》列荀況如秦於周赧王五十一年，是年為齊王建元年，荀卿殆以襄王死而去齊」按襄王死於襄王十九年即西元前265年。周赧王五十一年，齊王建元年為西元前264年。）

264年〜　　　荀子入秦不遇。（由秦歸趙《荀子》之〈議兵〉載
　　　　　　　荀子與臨武君議兵於趙孝成王前。按趙孝成王元年
　　　　　　　為西元前265年。《荀子·臣道》極稱平原信陵之功。
　　　　　　　262年，楚考烈王元年，以黃歇為相，封為春申君。）

256〜255年　　荀子復自趙赴齊，旋入楚為蘭陵令。（齊王建十年，
　　　　　　　楚考烈王八年。按齊王建十年，楚考烈王八年為西
　　　　　　　元前255年。《史記·孟子荀卿列傳》：「齊人或讒荀
　　　　　　　卿，荀卿乃適楚，而春申君以為蘭陵令。」《史記·
　　　　　　　春申君列傳》：「春申君相楚八年，……以荀卿為蘭
　　　　　　　陵令。」　又，錢穆《先秦諸子繫年考辨》疑春申君
　　　　　　　封荀子為蘭陵令，取應劭《風俗通義》之說，認為
　　　　　　　荀子為蘭陵令在「游趙聘齊之前」，說亦有據。）

238年〜　　　（楚考烈王二十五年）楚考烈王卒，李園殺春申君，
　　　　　　　盡滅其族。荀子旋被廢，居蘭陵，專事著述直至逝
　　　　　　　世，葬於蘭陵……（按楚考烈王二十五年為西元前
　　　　　　　238年。《史記·孟子荀卿列傳》：「春申君死而荀卿
　　　　　　　廢，因家蘭陵……序列著數萬言而卒。因葬蘭陵。」
　　　　　　　又，錢穆《先秦諸子繫年考辨》認為荀子「終老於
　　　　　　　趙」，考辨亦詳。又，桓寬：《鹽鐵論·毀學》：「方
　　　　　　　李斯之相秦也，始皇任之，人臣無二，然而荀卿為
　　　　　　　之不食，其罹不測之禍也」按依《史記·李斯列傳》

　　　　　李斯任秦相在秦併天下之後，桓說如可信，則荀子
　　　　於西元前221年之後仍在人世，是時荀子已百餘歲
　　　　矣。）

注：

⑴荀子生平行止，至今無確考。本年表某年代後或某兩年代中加「～」
　號者，蓋指為某年代後或某兩年代中難以具體確定的某段時間。

⑵本年表參考書目：《荀子》。司馬遷：《史記》。劉向：《孫卿新書》。應
　劭：《風俗通義》。桓寬：《鹽鐵論》。司馬貞：《史記索引》。王先謙：
　《荀子集解》。汪中：《荀卿子通論》。梁啟雄：《荀子簡釋》。錢穆：
　《先秦諸子繫年考辨》。

引用書目

⑴詩經

⑵左傳

⑶國語

⑷尚書

⑸戰國策

⑹禮記

⑺管子

⑻論語

⑼中庸

⑽孟子

⑾墨子

⑿莊子

⒀商君書

⒁荀子

⒂韓非子

⒃樂記

⒄司馬遷：史記

⒅班固：漢書

⒆毛詩序

⒇劉向：　說苑

(21)劉向：　孫卿新書・敘錄

(22)淮南子

(23)桓寬：　鹽鐵論

(24)賈誼：　論時政疏

(25)應劭：　風俗通義

(26)王充：　論衡

(27)司馬貞：　史記索隱

(28)程顥、程頤：　河南程氏遺書

(29)王應麟：　困學紀聞

(30)王守仁：　傳習錄

(31)李贄：　藏書

(32)顧炎武：　日知錄

(33)王先謙：　荀子集解

(34)戴震：　孟子字義疏證

(35)汪中：　荀卿子通論

(36)譚嗣同：　仁學

(37)譚嗣同：　致唐佛塵

(38)梁啟雄：　荀子簡釋

(39)胡適：　中國哲學史大綱

(40)馮友蘭：　中國哲學史

(41)馮友蘭：　中國哲學史新編

(42)呂思勉：　先秦學術概論

(43)郭沫若：　十批判書

⑷牟宗三：荀學大略

⑸牟宗三：歷史哲學

⑹侯外廬：中國思想通史

⑺李澤厚：中國古代思想史論

⑻韋政通：荀子與古代哲學

⑼張岱年：中國古典哲學概念範疇要論

⒀謝鏞：荀子箋釋

⑸胡元儀：郇卿別傳考異

⑿蔣伯潛：諸子通考

⒀牟鍾鑒：儒家人學的演變與重建

⒁龍宇純：荀子論集

⒂周群振：荀子思想研究

⒃孔繁：中國古代哲學家評傳‧荀子

⒄李澤厚、劉綱紀：中國美學史

⒅羅光：中國哲學思想史

⒆趙士林：心學與美學

⒇桑塔耶納，G.：試釋詩與藝術

⑹列‧斯蒂文森：人與人的世界

⑿溝口雄三：中國的思想

索　引

二　畫

三　畫

四　畫

五　畫

六　畫

七　畫

八　畫

九　畫

十　畫

十一畫

十二畫

十三畫

十四畫

十九畫

二十一畫

世界哲學家叢書 (一)

書　　　　　名	作　　　者	出　版　狀　況
孔　　　　　子	韋　政　通	已　　出　　版
孟　　　　　子	黃　俊　傑	已　　出　　版
荀　　　　　子	趙　士　林	已　　出　　版
老　　　　　子	劉　笑　敢	已　　出　　版
莊　　　　　子	吳　光　明	已　　出　　版
墨　　　　　子	王　讚　源	已　　出　　版
公　孫　龍　子	馮　耀　明	排　　印　　中
韓　　　　　非	李　甦　平	已　　出　　版
淮　　南　　子	李　　　增	已　　出　　版
董　　仲　　舒	韋　政　通	已　　出　　版
揚　　　　　雄	陳　福　濱	已　　出　　版
王　　　　　充	林　麗　雪	已　　出　　版
王　　　　　弼	林　麗　真	已　　出　　版
郭　　　　　象	湯　一　介	已　　出　　版
阮　　　　　籍	辛　　　旗	已　　出　　版
劉　　　　　勰	劉　綱　紀	已　　出　　版
周　　敦　　頤	陳　郁　夫	已　　出　　版
張　　　　　載	黃　秀　璣	已　　出　　版
李　　　　　覯	謝　善　元	已　　出　　版
楊　　　　　簡	鄭　曉　江　貴李　承	已　　出　　版
王　　安　　石	王　明　蓀	已　　出　　版
程　顥、程　頤	李　日　章	已　　出　　版
胡　　　　　宏	王　立　新	已　　出　　版
朱　　　　　熹	陳　榮　捷	已　　出　　版
陸　　象　　山	曾　春　海	已　　出　　版

世界哲學家叢書 (二)

書　　　　名	作　者	出　版　狀　況
王　　廷　　相	葛　榮　晉	已　　出　　版
王　　陽　　明	秦　家　懿	已　　出　　版
李　　卓　　吾	劉　季　倫	排　　印　　中
方　　以　　智	劉　君　燦	已　　出　　版
朱　　舜　　水	李　甦　平	已　　出　　版
戴　　　　震	張　立　文	已　　出　　版
竺　　道　　生	陳　沛　然	已　　出　　版
慧　　　　遠	區　結　成	已　　出　　版
僧　　　　肇	李　潤　生	已　　出　　版
吉　　　　藏	楊　惠　南	已　　出　　版
法　　　　藏	方　立　天	已　　出　　版
惠　　　　能	楊　惠　南	已　　出　　版
宗　　　　密	冉　雲　華	已　　出　　版
永　明　延　壽	冉　雲　華	已　　出　　版
湛　　　　然	賴　永　海	已　　出　　版
知　　　　禮	釋　慧　岳	已　　出　　版
嚴　　　　復	王　中　江	已　　出　　版
康　　有　　為	汪　榮　祖	已　　出　　版
章　　太　　炎	姜　義　華	已　　出　　版
熊　　十　　力	景　海　峰	已　　出　　版
梁　　漱　　溟	王　宗　昱	已　　出　　版
殷　　海　　光	章　　　清	已　　出　　版
金　　岳　　霖	胡　　　軍	已　　出　　版
張　　東　　蓀	張　耀　南	已　　出　　版
馮　　友　　蘭	殷　　　鼎	已　　出　　版

世界哲學家叢書 (三)

書　　　　　　　名	作　　者	出　版　狀　況
牟　　宗　　三	鄭　家　棟	排　　印　　中
湯　　用　　彤	孫　尚　揚	已　　出　　版
賀　　　　麟	張　學　智	已　　出　　版
商　　羯　　羅	江　亦　麗	已　　出　　版
辨　　　　喜	馬　小　鶴	已　　出　　版
泰　　戈　　爾	宮　　　靜	已　　出　　版
奧羅賓多·高士	朱　明　忠	已　　出　　版
甘　　　　地	馬　小　鶴	已　　出　　版
尼　　赫　　魯	朱　明　忠	已　　出　　版
拉達克里希南	宮　　　靜	已　　出　　版
李　　栗　　谷	宋　錫　球	已　　出　　版
空　　　　海	魏　常　海	排　　印　　中
道　　　　元	傅　偉　勳	已　　出　　版
山　鹿　素　行	劉　梅　琴	已　　出　　版
山　崎　闇　齋	岡田武彥	已　　出　　版
三　宅　尚　齋	海老田輝巳	已　　出　　版
貝　原　益　軒	岡田武彥	已　　出　　版
荻　生　徂　徠	王　祥　齡 劉　梅　琴	排　　印　　中
石　田　梅　岩	李　甦　平	已　　出　　版
楠　本　端　山	岡田武彥	已　　出　　版
吉　田　松　陰	山口宗之	已　　出　　版
中　江　兆　民	畢　小　輝	已　　出　　版
蘇格拉底及其先期哲學家	范　明　生	排　　印　　中
柏　　拉　　圖	傅　佩　榮	已　　出　　版
亞　里　斯　多　德	曾　仰　如	已　　出　　版

世界哲學家叢書（四）

書　　　　　名	作　　者	出　版　狀　況
伊　壁　鳩　魯	楊　　適	已　　出　　版
愛　比　克　泰　德	楊　　適	排　　印　　中
柏　　羅　　丁	趙　敦　華	已　　出　　版
伊　本　‧　赫　勒　敦	馬　小　鶴	已　　出　　版
尼　古　拉　‧　庫　薩	李　秋　零	已　　出　　版
笛　　卡　　兒	孫　振　青	已　　出　　版
斯　賓　諾　莎	洪　漢　鼎	已　　出　　版
萊　布　尼　茨	陳　修　齋	已　　出　　版
牛　　　　頓	吳　以　義	排　　印　　中
托　馬　斯　‧　霍　布　斯	余　麗　嫦	已　　出　　版
洛　　　　克	謝　啓　武	已　　出　　版
巴　　克　　萊	蔡　信　安	已　　出　　版
托　馬　斯　‧　銳　德	倪　培　民	已　　出　　版
梅　　里　　葉	李　鳳　鳴	已　　出　　版
狄　　德　　羅	李　鳳　鳴	排　　印　　中
伏　　爾　　泰	李　鳳　鳴	已　　出　　版
孟　德　斯　鳩	侯　鴻　勳	已　　出　　版
施　萊　爾　馬　赫	鄧　安　慶	已　　出　　版
費　　希　　特	洪　漢　鼎	已　　出　　版
謝　　　　林	鄧　安　慶	已　　出　　版
叔　　本　　華	鄧　安　慶	已　　出　　版
祁　　克　　果	陳　俊　輝	已　　出　　版
彭　　加　　勒	李　醒　民	已　　出　　版
馬　　　　赫	李　醒　民	已　　出　　版
迪　　　　昂	李　醒　民	已　　出　　版

世界哲學家叢書（五）

書　　　　名	作　　　者	出　版　狀　況
恩　格　斯	李　步　樓	已　出　版
馬　克　思	洪　鎌　德	已　出　版
約　翰　彌　爾	張　明　貴	已　出　版
狄　爾　泰	張　旺　山	已　出　版
弗　洛　伊　德	陳　小　文	已　出　版
史　賓　格　勒	商　戈　令	已　出　版
韋　伯	韓　水　法	已　出　版
胡　塞　爾	蔡　美　麗	已　出　版
馬克斯・謝勒	江　日　新	已　出　版
海　德　格	項　退　結	已　出　版
高　達　美	嚴　平	已　出　版
盧　卡　奇	謝　勝　義	排　印　中
哈　伯　馬　斯	李　英　明	已　出　版
榮　格	劉　耀　中	已　出　版
皮　亞　傑	杜　麗　燕	已　出　版
索　洛　維　約　夫	徐　鳳　林	已　出　版
費　奧　多　洛　夫	徐　鳳　林	已　出　版
別　爾　嘉　耶　夫	雷　永　生	已　出　版
馬　賽　爾	陸　達　誠	已　出　版
阿　圖　色	徐　崇　溫	排　印　中
傅　科	于　奇　智	排　印　中
布　拉　德　雷	張　家　龍	已　出　版
懷　特　海	陳　奎　德	已　出　版
愛　因　斯　坦	李　醒　民	已　出　版
皮　爾　遜	李　醒　民	已　出　版

世界哲學家叢書（六）

書　　　　　　名	作　　者	出　版　狀　況
玻　　　　　爾	戈　　革	已　　出　　版
弗　雷　格	王　　路	已　　出　　版
石　里　克	韓　林　合	已　　出　　版
維　根　斯　坦	范　光　棣	已　　出　　版
艾　耶　爾	張　家　龍	已　　出　　版
奧　斯　丁	劉　福　增	已　　出　　版
史　陶　生	謝　仲　明	已　　出　　版
馮　‧　賴　特	陳　　波	已　　出　　版
赫　　　　　爾	孫　偉　平	已　　出　　版
愛　默　生	陳　　波	已　　出　　版
魯　一　士	黃　秀　璣	已　　出　　版
普　爾　斯	朱　建　民	排　　印　　中
詹　姆　士	朱　建　民	已　　出　　版
蒯　　　　　因	陳　　波	已　　出　　版
庫　　　　　恩	吳　以　義	已　　出　　版
史　蒂　文　森	孫　偉　平	已　　出　　版
洛　爾　斯	石　元　康	已　　出　　版
海　耶　克	陳　奎　德	排　　印　　中
喬　姆　斯　基	韓　林　合	已　　出　　版
馬　克　弗　森	許　國　賢	已　　出　　版
尼　布　爾	卓　新　平	已　　出　　版